Raupp · Besuchsdienst – am Netz der Gemeinde knüpfen

ARBEITSHILFEN
FÜR DEN GEMEINDEAUFBAU

1

Wolfgang Raupp

Besuchsdienst – am Netz der Gemeinde knüpfen

Ein Leitfaden für die Praxis

CHRISTLICHE VERLAGSANSTALT KONSTANZ

ABCteam-Bücher erscheinen in folgenden Verlagen:
Aussaat- und Schriftenmissions-Verlag Neukirchen-Vluyn
R. Brockhaus Verlag Wuppertal
Brunnen Verlag Gießen (und Brunnquell Verlag)
Christliches Verlagshaus Stuttgart
(und Evangelischer Missionsverlag)
Christliche Verlagsanstalt Konstanz
(und Friedrich Bahn Verlag/Sonnenweg-Verlag)
Oncken Verlag Wuppertal

CIP-Titelaufnahme der Deutschen Bibliothek

Raupp, Wolfgang:
Besuchsdienst – am Netz der Gemeinde knüpfen : e. Leitf. für d. Praxis / Wolfgang Raupp. – 1. Aufl. – Konstanz : Christl. Verl.-Anst., 1988
(ABC-Team ; 878 : Werkbücher) (Arbeitshilfen für den Gemeindeaufbau ; 1)
ISBN 3-7673-5971-5
NE: 1. GT; 2. GT

1. Auflage 1988

Umschlaggestaltung: Peter Zahrt, Konstanz
Satz und Druck: MZ-Verlagsdruckerei GmbH, 8940 Memmingen
Einband: CVD-Buchbinderei, Konstanz
ISBN 3-7673-5971-5
Printed in Germany

Inhalt

Vorwort

Netze wirken auf mich nicht bedrohlich, sondern beruhigend und hilfreich. Ich denke hierbei an Einkaufsnetze oder an Fangnetze, die an Gefahrenstellen schon manches Menschenleben rettend auffingen.
Leider denken wir zu wenig an die Bedeutung von Fäden und die daraus geknüpften Netze. Sie sind für unser Leben unverzichtbar.
Dennoch gehen wir wie selbstverständlich davon aus, daß es Netze gibt und daß sie auch „halten".
Was aber, wenn Netze reißen oder überhaupt fehlen?
Dann kommt es darauf an, sie zu flicken oder, wo nötig, neu zu knüpfen.
Netze sind der Bibel nicht fremd. Die Jünger Jesu z.B. konnten mit Netzen umgehen und sie auch instand setzen. Und Jesus konnte die Jünger gerade mit diesen Gaben gebrauchen.
Und: Was wären die ersten Christengemeinden ohne die Jüngerinnen gewesen, die auf ihre Art Beziehungsfäden zwischen dem Evangelium und Menschen spannten?
Die Gemeinden der ersten Christen waren ein lebendiges Netzwerk.
Was könnte dagegenstehen, daß die heutige Gemeinde ihnen wieder ähnlicher würde?
Wolfgang Raupps Leitfaden möchte dazu beitragen, daß nicht nur Mitarbeiter/innen im Besuchsdienst lernen, Fäden zu knüpfen. Damit Beziehungsnetze entstehen, die bergend tragen und dennoch persönliche Freiheit ermöglichen und erhalten, ohne schlingenhaft zu fesseln.

Klaus-Martin Bender

Einleitung

In den sechziger Jahren wurde der Gedanke der Haushalterschaft von Amerika kommend in den evangelischen Landeskirchen Deutschlands übernommen. Seitdem wird die Bedeutung des Engagements der Laien in der Gemeindearbeit deutlicher gesehen. Es wurde neu bewußt, daß die Gemeinde nicht nur vom Pfarramt veranstaltet, sondern getragen wird von den Gläubigen mit Hilfe der Gaben, die ihnen von Gott geschenkt sind (1 Petr 4,10). Diese Gaben sollen sie als verantwortliche Haushalter im Dienst der Gemeinde einsetzen.
Diese Einsicht führte u.a. dazu, daß sich Gruppen von Gemeindegliedern bildeten, die in den Gemeinden Hausbesuche machten, um die Verbundenheit in der Gemeinde zu fördern, um zu helfen und zu trösten, aber auch um in die Gemeinde und zum Glauben einzuladen.
Diese Besuchsdienstarbeit ist in den vergangenen zwanzig Jahren langsam und leise gewachsen. Sie hat sich als Zweig der Gemeindearbeit weithin etabliert. Viele Gemeindeglieder sind bereit, sich hier zu engagieren. Sie wünschen sich aber für diese Aufgabe Vorbereitung und Begleitung.
Der Autor dieses Buches wurde von der Evangelischen Landeskirche in Baden beauftragt, Besuchsdienstmitarbeitern solche Hilfestellungen zu geben. Dies geschieht v. a. in Kursen und Wochenendtagungen. Im Verlauf dieser Arbeit hat sich eine Reihe von Themen herauskristallisiert, die für die Besuchsdienstarbeit grundlegend sind.

- Fragen, die das Warum und Wozu betreffen:
  Sollen wir überhaupt Besuche machen? Warum sollen wir es tun? Was sind unsere eigenen Motive? Was wollen wir mit unseren Besuchen erreichen?
  In diesem Zusammenhang ist es notwendig, über den theologischen Hintergrund des Besuchens nachzudenken: Was ist vom Christusglauben her notwendig, und was ist ihm angemessen? Aber auch der gesellschaftliche Zusammenhang, in dem die Besuche sich abspielen, muß bedacht werden: Welche Rolle spielen Kirche und Glaube für die heutigen Menschen, und was bedeuten solche Besuche für sie und für die Gemeinde?
  Besonders bedrängend wird von vielen Mitarbeitern die Spannung zwischen dem diakonischen Ziel „den Menschen helfen“ und dem missionarischen Ziel „Menschen in die Gemeinde und zum Glauben einladen“ empfunden, eine Spannung, die durch den Wunsch und die Forderung, den Menschen in einer seelsorgerlich-verstehenden Haltung zu begegnen, noch verstärkt wird.

Diesem Spannungsfeld wird darum in diesem Buch breiter Raum eingeräumt.

- Fragen, die das Wie, die Methode, betreffen:
  Wie stelle ich mich vor? Wie komme ich in Kontakt? Wie verabschiede ich mich? Wie arbeiten wir in der Gruppe? usw. Dabei geht es nicht nur um Tips aus der Praxis für die Praxis. Wir werden diesen Fragen vielmehr erst gerecht, wenn wir gleichzeitig unser eigenes Verhalten und das des andern tiefer zu verstehen versuchen.

- Fragen, die bei der Suche nach Möglichkeiten, Erlebtes zu verarbeiten, entstehen:
  War es ein guter Besuch? Warum bin ich danach froh oder enttäuscht? Hätte ich etwas anders oder besser machen können?

Bei den oben erwähnten Kursen und Tagungen ist es in der Kürze der Zeit nie möglich, die verschiedenen Themenkreise zusammenhängend und im Bezug aufeinander zu behandeln – obwohl doch das eine erst im Zusammenhang mit dem anderen verstanden werden kann. Methoden z. B. sind nur zu verstehen im Blick auf das Ziel, das mit ihnen erreicht werden soll, und von dem Grund her, der mich bewegt, dieses Ziel anzustreben. Es erschien daher sinnvoll und notwendig, die verschiedenen Themenkreise, die für die Besuchsdienstarbeit grundlegend sind, zusammenhängend darzustellen. Dazu dient dieses Buch. Es soll und kann die Seminare und Tagungen nicht ersetzen, weil Gelesenes niemals das Gespräch ersetzen kann. Es soll sie vorbereiten und begleiten. Es soll die theoretischen Grundlagen darstellen, damit sich das Gespräch leichter entfalten kann. Wer sich im Besuchsdienst engagieren möchte, liest es am besten als Vorbereitung für das Besuchsdienstseminar. Weiter soll es den Mitarbeitern Anregungen für ihre Arbeit in der Gruppe liefern. Dazu wurden den Kapiteln Impulsfragen beigegeben, die den Gruppen helfen wollen, ins Gespräch einzusteigen.

Dieses Zeichen weist auf solche Anregungen für das Gruppengespräch hin.

Das vorliegende Buch ist also für die sog. Laien geschrieben, nicht in erster Linie für Theologen oder Sozialarbeiter. Es nimmt die Grundgedanken der „Haushalterschaft" auf und versucht, sie weiterzuentwickeln und zu konkretisieren. Dabei bezieht es Einsichten aus den Bereichen der Theologie, der Psychologie und des Gemeindeaufbaus mit ein. Sie werden so dargestellt, daß auch ein Leser ohne Spezialkenntnisse auf diesen Gebieten sie verarbeiten kann.

Damit könnte dieses Buch für Laienseelsorger in verschiedenen Bereichen der kirchlichen Arbeit eine Hilfe sein, die theologischen und methodischen Bedingungen der eigenen Arbeit zu bedenken.

Knotensprache

Was durch einen Knoten geschieht, hat zwei Seiten, eine hilfreiche und eine bedrohliche Seite.
Der Faden, der gerissen war, wird wieder heil. Eine zerstörte Verbindung wird wieder hergestellt, ein neuer Bund geschlossen. Was auseinanderfallen will, wird zusammengehalten. Eine Sache wird festgemacht. Der Knoten steht für Verbindlichkeit, Verläßlichkeit und gegen Wankelmut, Unzuverlässigkeit und Zerfall. Daß der Knoten hält, kann lebensrettend sein.
Der Knoten kann aber auch eine ausgelegte Schlinge sein, in der ein Mensch sich verfängt. Dann verliert er seine Ungebundenheit und Freiheit und wird zum Sklaven. Der Knoten steht dann für Zwang und Unfreiheit. Er kann eine Masche sein, ein Trick, eine Falle. Er kann unentwirrbar und zum unlösbaren Rätsel werden.
Diese Doppelbedeutung gilt auch für die Knoten der Beziehungsfäden. Eine feste Beziehung gibt Halt. Sie beendet vage und wechselnde Lebenszustände. Wir sehnen uns danach, unser Leben irgendwo festzumachen. Zugleich aber machen verbindliche Beziehungen Angst. Freiheit geht verloren. Unendlich viele Möglichkeiten werden aufgegeben durch eine einzige Festlegung.
In diesem Spannungsfeld bewegen wir uns, wenn wir Besuche machen, um im Netz der Gemeinde Beziehungsfäden anzuknüpfen. Wie unser Gesprächspartner unser Angebot erlebt, haben wir nicht in der Hand. Nur die eigenen Motive können wir überprüfen.
Unter den vielen Knoten nimmt die Schleife eine Sonderstellung ein. Sie verbindet Auseinanderstrebendes und hält viel Zug aus. Aber zugleich läßt sie sich auch wieder leicht lösen. Sie macht nicht unfrei. Mit einer Schleife kann man nicht gut jemanden fesseln. Eine Schleife bindet man am besten zu zweit. Dann ist der andere nicht mein Objekt, sondern mein Partner. Deshalb soll die Schleife deutlich machen, wie wir im Besuchsdienst „anknüpfen“ wollen.
Meistens ist das Fädenknüpfen Frauensache. Aber die führenden Leute in der Kirche sind Männer, die davon – manchmal – nicht viel verstehen. Die ersten Jünger allerdings waren Fischer und verstanden sich auf die „weibliche“ Kunst des Fädenknüpfens. Sicher müssen wir auf diesem Gebiet dazulernen.

1.

Der Grund: Warum sollen Gemeindeglieder Hausbesuche machen?

Wir werden erwartet.

„Als meine Mutter so lange krank war, kam ab und zu eine Frau von der Gemeinde und hat sie besucht. Darüber hat sie sich immer sehr gefreut. Jetzt, wo sie nicht mehr lebt, habe ich mich entschlossen, selber im Besuchsdienst mitzuarbeiten, weil ich gemerkt habe, wie wichtig für viele Menschen diese Besuche sind."

So begründete eine neue Mitarbeiterin ihren Wunsch, nun auch im Auftrag der Kirchengemeinde Hausbesuche zu machen.

„Wir waren nie besonders kirchlich, aber daß sich in den zwanzig Jahren, die wir nun hier wohnen, nie einer von der Kirche um uns gekümmert hat, zeigt, daß denen die Leute doch egal sind. Wenn sie nur ihre Kirchensteuern zahlen! Aus dieser Kirche kann ich auch austreten."

Mit diesen Worten wurde ein Mitarbeiter empfangen, als er zum Sammeln an die Haustür kam.
Selbst dort, wo der Besuch eines kirchlichen Mitarbeiters auf Skepsis oder gar auf Ablehnung stößt, ist es in den meisten Fällen ungläubige Verblüffung, die die Menschen so reagieren läßt. Die Leute können sich oft nicht vorstellen, daß von der Landeskirche einer kommt, nur um sie zu begrüßen, sie kennenzulernen und mit ihnen zu sprechen. „Da muß noch etwas anderes dahinterstekken", befürchten viele.
Umfrageergebnisse zeigen, daß etwa 90% der Kirchenmitglieder einen Besuch durch den Pfarrer oder kirchliche Mitarbeiter begrüßen würden. Diese

Zahl ist zugleich ein Indiz für eine grundsätzliche Erwartung an die Kirche, die freilich oft enttäuscht wird.
Jeder, der Besuche macht, kennt diese enttäuschten Erwartungen. Die Reihe der Zitate ließe sich leicht fortsetzen mit Äußerungen von Alten und Jungen, Kranken und Gesunden, von engagierten Gemeindegliedern und sog. Randsiedlern. Natürlich wird da auch sehr unüberlegt geklagt und angeklagt. Entsprechend leicht lassen sich Gegenargumente finden: Wer soll denn die Besuche machen? Der Pfarrer allein schafft das schon lange nicht mehr. Die Kirche, das sind die Menschen, die dazu gehören. Eine Gemeinde kann solche Aufgaben nur erfüllen, wenn sich Gemeindeglieder zur Verfügung stellen. Ein Tropfen Mitarbeit hilft da mehr als ein Eimer voller Kritik oder ein Ozean voller Sympathie. Sind oder waren die Ankläger selber bereit, sich im Rahmen ihrer Möglichkeiten zu engagieren?
Und doch: Ist nicht etwas Richtiges an diesen Erwartungen? Eine Gemeinde sollte eigentlich mehr sein als eine Institution mit Mitgliedern, die Beiträge zahlen und im übrigen beziehungslos nebeneinanderher leben, mehr als eine Anstalt, die Veranstaltungen produziert. Gemeinde Jesu Christi sollte mehr sein als eine kleine Clique von Insidern, die sich selbst genügen. „Kirche für andere" hat Bonhoeffer das genannt.

Gemeinde: Gemeinschaft oder pfarramtlicher Verwaltungsbezirk?

Gemeinde hat etwas mit Gemeinschaft zu tun, also mit Beziehung. Theoretisch ist das wohl jedem klar in unserer Kirche. In unserer Praxis hängen wir aber noch sehr an der Amtskirche. Von einem „Amt" wird eine „Sache" „verwaltet", manchmal auch Menschen, und das ist Aufgabe des „Amtsinhabers". Eine Gemeinde dagegen lebt im Zusammenwirken ihrer Glieder. Es scheint, daß in unserer Volkskirche theologisches Wissen und gefühlsmäßige Erwartungen auf der einen und Tradition und Praxis auf der anderen Seite auseinanderklaffen. So kommt es, daß der Vorschlag, Gemeindeglieder sollten Hausbesuche machen und dazu einen Besuchsdienst ins Leben zu rufen, in einem Kirchengemeinderat folgende Diskussion auslöste:

„Wieso denn das? Besuche macht doch der Pfarrer!"
„Die Leute würden uns als gewöhnliche Gemeindeglieder doch gar nicht akzeptieren!"
„Sie wollen das ja gar nicht. Sie wollen nicht belästigt werden. Wir würden ja dastehen wie die Zeugen Jehovas. Die kommen den Leuten auch ins Haus."

„Wir sind doch keine Hausierer, die den Leuten etwas aufschwatzen, was sie nicht bestellt haben."
„Ich wüßte gar nicht, was ich da reden sollte. Wenn mich jemand in eine Diskussion über den Glauben hineinziehen würde oder anfangen würde, seine Probleme vor mir auszuschütten – also wirklich, da wäre ich völlig überfordert."
„Wenn einer etwas von der Kirche wissen will, kann er ja kommen. Jeden Sonntag um halb zehn ist Gottesdienst. Der ist öffentlich, und jeder ist eingeladen."

„Die Leute sollen kommen, wenn sie etwas wollen." Das ist die Erwartung der Ämter und Behörden. Auch die Kirche war lange Zeit so etwas wie eine Behörde. Das entsprechende Selbstverständnis und die Erwartungshaltung – in und außerhalb der Kirche – ist noch immer nicht ganz abgebaut. Auch viele Mitglieder erleben die Kirche als eine Art Kreuzung von Finanz- und Standesamt: Sie kassiert Steuern, und man geht hin aus besonderen Anlässen. Die Einsicht, daß die Kirche ihre Glieder erst gewinnen und darum zu ihnen hingehen muß, setzt sich erst langsam durch. Wir haben immer noch eine „Komm-Struktur" und bräuchten doch dringend eine „Geh-Struktur".
Natürlich ist jeder eingeladen. Aber in der Bundesrepublik nehmen nur etwa 6 % der evangelischen Christen am Gottesdienst teil. Im Laufe eines Jahres erreicht eine Gemeinde kaum 10 % ihrer Gemeindeglieder. Der größte Teil der evangelischen Kirchenmitglieder hat den Kontakt zur eigenen Kirche verloren, bzw. dieser Kontakt beschränkt sich auf das Zahlen der Kirchensteuern. Immer mehr dieser zu Kirchensteuerzahlern gewordenen Gemeindeglieder fragen sich, wozu sie sich jeden Monat ein paar Scheine aus der Gehaltstüte ziehen lassen von einer Organisation, zu der sie jede innere Beziehung verloren haben. Immer mehr von ihnen ziehen dann auch die Konsequenz aus dieser einfachen Kosten-Nutzen-Rechnung und treten aus. An ihrer Einstellung zur Kirche und zum Glauben hat sich dadurch nichts geändert. Der Austritt ist nicht ein plötzlicher Wandel in dieser Einstellung, sondern die längst überfällige Konsequenz.
Gerade unter diesen distanzierten Kirchenmitgliedern scheint es eine sehr verschwommene Erwartung zu geben, die man vielleicht in folgende Worte kleiden könnte: „Ich kümmere mich zwar nicht viel um die Kirche. Aber ich bin ja auch nur ein ganz kleiner Christ. Die Kirche dagegen müßte sich um mich kümmern. Da gehen ja auch die hin, die mit allem Ernst Christ sein wollen. Daß ich denen anscheinend gleichgültig bin, enttäuscht mich."

17 ● Wie gehen wir als Gemeinde mit dieser Erwartung um? Können wir uns einfach darüber hinwegsetzen mit dem Kommentar „Inkonsequent, unrealistisch, undurchführbar!"?

- Und was tun wir, falls wir doch Besuche machen? Befriedigen wir nur Bedürfnisse, die die Leute nun einmal haben? Oder sind unsere Besuche ein Mittel zum Zweck, um den Bestand der Kirchensteuerzahler zu sichern?
- Oder könnte es sein, daß das Hingehen und Besuchen eine Lebensäußerung des christlichen Glaubens und der Gemeinde Jesu Christi ist? Dann steht nicht die Frage im Vordergrund, was wir erreichen wollen, sondern was wir sind: Was ist das, Gemeinde Jesu Christi? Sind Besuche für den Leib Christi eine unverzichtbare Körperfunktion oder ein Modeschmuck, der nach Belieben getragen oder abgelegt werden kann?
- Sehen wir als Besuchsdienstmitarbeiter nur einen Zweck unserer Besuche oder auch einen Grund?

Das Werk Jesu Christi: Beziehungsfäden knüpfen

In einem bekannten Weihnachtslied[1] wird das Werk Jesu Christi so beschrieben:

Lobt Gott, ihr Christen alle gleich,
in seinem höchsten Thron,
der heut schließt auf sein Himmelreich
und schenkt uns seinen Sohn.

Er kommt aus seines Vaters Schoß
und wird ein Kindlein klein,
er liegt dort elend, nackt und bloß
in einem Krippelein.

Er äußert sich all seiner Gwalt,
wird niedrig und gering
und nimmt an sich eins Knechts Gestalt,
der Schöpfer aller Ding.

Er wechselt mit uns wunderlich:
Fleisch und Blut nimmt er an
und gibt uns in seins Vaters Reich
die klare Gottheit dran.

1 EKG 21; in Anlehnung an ein Gemeindelied der Urchristenheit, das in Phil 2,6-9 überliefert ist.

In diesem Lied wird besungen, daß Gott uns die Tür zu seinem Reich wieder aufgeschlossen hat durch seinen Sohn. Der verließ die Herrlichkeit des Vaters und ging hin in die Welt. Er verzichtete auf alles „von oben herunter" und ging als Mensch in das Leben und in das Elend der Menschen. Er verzichtete auf seine Machtposition und seine Privilegien den Menschen zuliebe. Er trat ihnen nicht als Herr entgegen, sondern als Bruder und Diener. Ein Akt der Stellvertretung ereignet sich: Er nimmt unsere Stellung in Fleisch und Blut ein, und wir dürfen seine Stellung beim Vater einnehmen.

Durch dieses Hingehen wurde der gerissene Beziehungsfaden zwischen Menschen und Gott wieder angeknüpft. Das Hingehen, die Selbstentäußerung und Selbsterniedrigung des Sohnes, ist die Voraussetzung für die Versöhnung zwischen Gott und den Menschen.

Das Hingehen ist das durchgängige Motiv im Handeln Jesu. Denjenigen, die sich selber aus der Gemeinschaft mit Gott ausgeschlossen hatten, wendet er sich zu. Gott schreibt die Verlorenen nicht ab. Gott beharrt nicht darauf, daß einer, der ihn verlassen hat, nun auch die Konsequenzen tragen muß. Gott nimmt die Konsequenzen auf sich, indem er in Jesus Christus hingeht. Davon redete Jesus nicht nur, das praktizierte er, indem er nicht beim Vater im Himmel, auch nicht beim Vater in Nazaret blieb, sondern hinging, auf die Straßen, Plätze und in die Häuser der Menschen. Er ging in das Haus des Zachäus und setzte sich mit den Sündern und Zöllnern an einen Tisch. Damit bot er die Heilung der kranken Beziehungen an und heilte sie, wo die Menschen bereit waren.

Gerade die Frommen konnten diese Selbsterniedrigung nicht bejahen, weder als den Weg Gottes zu den Menschen noch als ihren eigenen Weg zu Gott und zu den Menschen. Als Gott in Jesus zu den Sündern hinging, ging er ihnen zu weit. Sie konnten nicht verstehen, daß sie selber diese sich erniedrigende Gnade Gottes nötig hatten. Sie wollten sich den Sündern nicht gleichstellen. Erst recht kam es für sie nicht in Frage, ihre Position als Gerechte aufzugeben und ebenfalls hinzugehen und sich neben die Sünder zu setzen.

An vielen Stellen zieht Jesus seine Jünger in sein Hingehen mit hinein, nicht nur, wo er sie sendet, auch schon, wo er sie zur Nachfolge einlädt. Damit fordert er sie auf, mit ihm hinzugehen. Wer es ablehnt, wie Jesus hinzugehen, kann nicht sein Jünger werden. Mission heißt nicht, die anderen von der eigenen Frömmigkeit überzeugen, sondern darauf verzichten, besser und frömmer sein zu wollen. Das Hingehen Jesu ist Selbsterniedrigung. Nur so erreicht er uns Menschen. Diese Mission ist nicht Modeschmuck, sondern Strukturprinzip der Kirche. Kirche ist in diesem Sinne missionarische Kirche – oder sie ist nicht Kirche Jesu Christi.[2]

2 Vgl. W. Krusche, Das Missionarische als Strukturprinzip der Kirche, in: Schritte und Markierungen, Göttingen 1971.

Das Hingehen hat zwei Seiten, eine sichtbare und eine unsichtbare. Die sichtbare Seite ist das Gehen mit den Füßen dorthin, wo die Menschen sind, auf die Straßen und in die Häuser. Die unsichtbare Seite heißt: auf jemanden zugehen, auf jemanden eingehen. Das ist das Hingehen mit der Seele.
Davon redet Jesus z. B. in der Aussendungsrede[3]. Die Jünger sollen wie Schafe unter die Wölfe gehen, ohne Waffen und ohne Geldbeutel. Sie sollen nichts mitnehmen, was ihre Offenheit für die Menschen beeinträchtigen könnte, ohne jene geistigen und materiellen Werkzeuge und Techniken, mit denen man Menschen bearbeiten und sich vor ihnen schützen kann. Was man ihnen vorsetzen wird, sollen sie essen und trinken, d. h. sie sollen sich ganz auf die Lebensbedingungen der Menschen einlassen. Sie sollen nicht von einem Haus zum anderen gehen und unverbindliche Worte sprechen. Sie sollen den Menschen so nahe kommen, daß sie mitleben und -fühlen können. Dieses Sich-hineingeben schließt das Mitleiden ein und steht nach diesem Text in enger Beziehung zur Krankenheilung.
Es gibt heute in unserer Kirche eine gewisse Tendenz, die eine Art des Hingehens von der anderen zu trennen. Es gibt Gruppen, die sehr schnell zu Hausbesuchen bereit sind, freilich ohne auf die Menschen einzugehen. Sie kommen vor allem, um zu reden, und bringen in ihren geistigen und stofflichen Taschen ihre ganzen Schätze mit: ihre Frömmigkeit, ihre Wahrheiten, ihr Wissen, ihre Moral und natürlich ihre Traktate. Sie sind nicht bereit, das aufzunehmen, was man ihnen vorsetzt. Sie behandeln die Meinungen ihrer Gesprächspartner wie schlechtes Essen, rümpfen die Nase und rühren nichts an.
Die Mitglieder einer zweiten Gruppe bilden sich viel ein auf ihre geistige Offenheit nach allen Seiten. Aber sie bleiben in ihren Kirchen und Gemeindehäusern. Sie ersparen sich die Nagelprobe auf ihre Offenheit, indem sie für die Menschen unerreichbar bleiben. Wer mit ihnen reden will, muß dahin kommen, wo sie Hausherr sind und den Ton angeben.
Genau genommen gibt es noch die dritte Gruppe in unserer Kirche, die weder in der einen noch in der anderen Weise bereit ist hinzugehen. Sie fühlt sich übrigens am besten, weil sie gar keine Notwendigkeit dazu sieht und sich daher die Mühe spart. Sie merkt nicht, wie sehr sie alle Beziehungen verloren hat, die Beziehung zu Jesus Christus und zu den eigenen Gemeindegliedern.

Gemeinde – ein Netz von Beziehungen

Das Werk Jesu Christi ist das Werk der Versöhnung. Er hat den abgerissenen Beziehungsfaden zwischen Gott und den Menschen wieder zusammengeknüpft und zugleich Menschen in die Gemeinschaft seiner Nachfolge gerufen.

3 Vgl. Lk 10,1-12.

Damit hat er diejenigen wieder in die Gemeinschaft des Gottesvolkes eingebunden, deren Beziehung abgerissen war. Die Gemeinde wird darum in der reformatorischen Theologie „Gemeinschaft der Heiligen“ genannt. Die Heiligen sind nicht die Vollendeten, sondern die, die in der geschenkten Beziehung zu Gott leben. Weil die Heiligen mit Gott verbunden sind, sind sie auch untereinander verbunden.

- Das Wesen der christlichen Gemeinde ist Gemeinschaft. Der theologische Begriff dafür heißt „communio“.

Die Gerechten in Abrahams Schoß. Um 1150. Oberlindenmuseum, Colmar.

Diese Gemeinschaft ist in ein sehr schönes Bild übersetzt, das sich auf einem Säulenkapitell aus einer Klosterruine am Oberrhein fand. Man kann es heute im Oberlindenmuseum in Colmar anschauen. Der Betrachter sieht drei Menschlein, die ihn freundlich anlächeln. Dem Haarschnitt nach zu urteilen sind es Mönche. Sie werden getragen durch ein Tuch oder ein Netz, das eine große, bärtige Gestalt hinter ihnen in ihren Händen hält. Der Museumsführer erteilt die Auskunft, das seien die Gerechten in Abrahams Schoß. Woher er das wohl so genau weiß? Man kann in dieser Darstellung auf dem Säulenkapitell ebensogut ein Bild der Klostergemeinde oder der christlichen Gemeinde überhaupt erkennen: Das Netz hat die Form eines Bootes und erinnert an das Schiff „Kirche". Und Kirche ist eine Gemeinschaft, die von einem Größeren getragen wird. In diesem gemeinsamen Getragen- und Gehaltenwerden hat sie ihren Grund. Diese Menschen sind untereinander verbunden, weil sie mit ihrem Herrn verbunden sind. Die menschliche Seite dieser Gemeinschaft und ihre göttliche Hintergrunddimension werden hier anschaulich deutlich.

Sind unsere Kirchengemeinden in diesem Sinne christliche Gemeinde? Sie müßten dann ein Netz menschlicher Beziehungen sein. Durch das, was in diesem Netz zwischen den Menschen und durch dieses Netz in der Welt geschieht, müßte etwas davon zu merken sein, daß dieses Netz eine Beziehung zu Jesus Christus hat.
Das, was in einem solchen communio-Netz geschieht, nennen wir Kommunikation. Unter Kommunikation verstehen wir also hier nicht zuerst die technischen Vorgänge, durch die Nachrichten übermittelt werden, obwohl eine Kirchengemeinde auch ein solches Informationsnetz darstellt. Unter Kommunikation im theologischen Sinne verstehen wir all das, wodurch Gemeinschaft gestiftet und erhalten wird, Gemeinschaft unter Menschen, die in Christus ihren Grund hat. Natürlich steht dieses Netz „Gemeinde" auch in vielfältigen Verbindungen zur Außenwelt. Auch wenn die Gemeinde in dieser Beziehung empfängt und gibt, ist das Kommunikation.
Es leuchtet ein, daß unsere Kirchengemeinden kaum einem solchen Netz entsprechen. Sie sind bestenfalls Netze, die große Löcher haben. Für die Mehrzahl der Kirchenmitglieder ist die Gemeinde nicht der Ort, an dem sie mit anderen Menschen verbunden sind. Sie kommunizieren nicht in diesem Netz.
Wir sollten freilich vorsichtig sein mit unserem Urteil darüber, ob und wie diese Menschen mit Gott verbunden sind. Auch viele Menschen, die nicht am Gemeindeleben teilnehmen, sagen, sie hätten eine Gottesbeziehung. Wer gibt den kirchlichen Insidern das Recht, sich als Richter aufzuspielen und eine solche Aussage zu bestreiten? Es gibt viele Gründe, nicht an den Aktivitäten der eigenen Kirchengemeinde teilzunehmen, nicht zuletzt das „Gemeindeleben" selber. Manchmal sieht es freilich so aus, als ob diese Verbindung zu Gott, die

ohne Einbindung in eine Gemeinde auskommt, wie jenes rote Telephon zwischen Regierungen wäre, von dem man hofft, daß nie der Fall eintritt, wo es benutzt werden muß.

Eine weitere Schwierigkeit besteht darin, daß das vorhandene, oft recht kleine Gemeindenetz, das „Restnetz“, kaum eine Verbindung zur Mehrzahl der Gemeindeglieder hat. Es werden wenig Informationen, Gedanken und Impulse aufgenommen und abgegeben. Die Außenstehenden bekommen kaum etwas von ihrer Gemeinde mit. Die Gemeinden nehmen zu wenig wahr, was diese Menschen bewegt, vor allem wenn diese verschiedenen Gruppen auch noch unterschiedlichen gesellschaftlichen Schichten angehören.

Aber auch die Menschen, die die Veranstaltungen der Kirchengemeinde ab und zu oder gar regelmäßig besuchen, sind nur sehr lose untereinander verbunden. Kommunikation im Sinne von Pflege der Gemeinschaft und gegenseitigem Anteilnehmen gibt es kaum. Unsere Gemeinden in den Gottesdiensten sind oft eher Publikum als Gemeinschaft. Diese Überlegungen machen deutlich, daß Kommunikation, das Ermöglichen und Pflegen von Gemeinschaft, in unserer kirchlichen Situation die vordringliche Aufgabe des Gemeindeaufbaus ist.

2

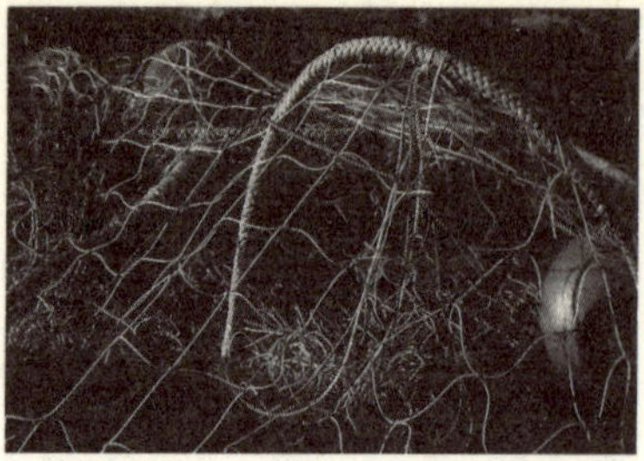

Das Ziel: Was wollen wir durch unsere Besuche erreichen?

Der Besuchsdienst, ein Kommunikationsnetz der Gemeinde

In Mk 1,16-20 wird erzählt, wie Jesus die ersten Jünger berief. Er sprach Menschen an, die er offenbar bisher nicht kannte. Warum hat er gerade diese Leute ausgewählt? Wir wissen es nicht und dürfen auch nicht zu viel darüber spekulieren. Aber wir lesen, daß er sie sah, wie sie an ihren Netzen arbeiteten. Die einen waren dabei, Netze auszuwerfen, die anderen waren am Netzeflicken. Sollte das etwas zu bedeuten haben? Jesus sah Menschen, die dabei waren, abgerissene Fäden wieder zusammenzuknüpfen. Er sah Menschen, die mit ihrem Netz Fische aus der Tiefe des Wassers ins Boot zogen. Vielleicht sah er in dieser Tätigkeit eine Entsprechung zu seinem eigenen Auftrag: gerissene Fäden wieder anzuknüpfen, Menschen in ein Netz zu sammeln und in die andere Welt hineinzuziehen. Und er sagte zu den Männern: „Geht mit mir! Ich mache euch zu Menschenfischern."
Auch damals waren die Fäden gerissen, die Beziehungsfäden der Menschen zu Gott und der Menschen untereinander. Die Sünder, Zöllner und die Aussätzigen waren am schlimmsten dran. Sie waren aus der Gemeinschaft der Menschen und aus der Gemeinschaft mit Gott ausgeschlossen. Es war und ist das Werk des Sohnes, diese Fäden wieder anzuknüpfen und Vergebung zu stiften. Er war selber ein „Netzflicker". Als er die Netzflicker bei der Arbeit sah, lud er sie ein in seinen Dienst.
Die sog. Kerngemeinden sind oft ein Netz gewachsener und gewordener Beziehungen unter Menschen und zu Gott. Da sind Menschen, die von selber am Leben derer Anteil nehmen, die sie kennen und mit denen sie sich verbunden fühlen. Sie besuchen einander in guten und in schlechten Tagen. Sie helfen

einander, zu leben und zu glauben. Aber da gibt es auch die vielen anderen, Kranke, Alte, Fremde, Asylanten, Umsiedler usw., Menschen, die aus dem Kommunikationsnetz „Gemeinde" herauszufallen drohen oder noch nie den Anschluß gefunden haben. Gewachsene Beziehungen sind keine da, oder sie werden mürbe wie alternde Fäden. Diese Menschen brauchen den gezielten, organisierten und methodisch überlegten Besuch. Sie brauchen den Besuchsdienst. Es muß Netzeflicker geben, die schauen, wo die Fäden mürbe werden, und die Gerissenes wieder anbinden. Neben den unorganisierten Besuchen, die es in einer Gemeinde, Gott sei Dank, auch gibt, besteht die Aufgabe des Besuchsdienstes vor allem in diesem systematischen Netzeflicken.

Zwei Entwicklungen waren in den letzten Jahrzehnten in der Volkskirche zu beobachten: Es bröckelte an den Rändern. Menschen, die nur noch lose mit der Kirche verbunden waren, traten aus. Zugleich ließ die Verbundenheit im Innern nach. Die Gemeinschaft, das Miteinander und Füreinander, scheint zu verdunsten. Im Besuchsdienst macht es sich eine Gemeinde zur Aufgabe, mehr Gemeinschaft zu werden. Nicht zuletzt die Gemeinde selber braucht den Besuchsdienst.

Wenn die Kirche nicht zum Getto werden will, muß sie versuchen, die bestehenden Kommunikationsgrenzen zu überwinden. Sie darf nicht nur predigen wollen, sondern muß hören und verarbeiten, was die Menschen bewegt, damit die Predigt konkretes Evangelium wird, eine Botschaft, die in eine Situation hinein spricht. Sie darf sich nicht mit denen zufriedengeben, die die Botschaft verstehen wollen und können. Sie muß diejenigen zu verstehen suchen, die mit der Botschaft nichts anfangen können.

Die Gemeinde muß versuchen, die Kommunikationshürden zu überwinden, um der Menschen willen, um ihrer selbst willen und um Jesu Christi willen.

Es wäre unsinnig zu meinen, das Herstellen und Pflegen dieses Beziehungsnetzes sei vor allem Sache des Pfarrers. Wenn diese Aufgabe dem Pfarrer überlassen wird, entsteht gerade keine Gemeinschaft der Gemeindeglieder untereinander, sondern bestenfalls ein besserer Kontakt einzelner Personen zum Pfarrer. Die Meinung, der Sinn des Besuchsdienstes bestünde darin, den Pfarrer zu entlasten, ist zwar weit verbreitet, geht aber von einem völlig unüberlegten Gemeindeverständnis aus. Gemeinde ist dann nämlich der Personenkreis, der von einem Pfarrer versorgt wird, aber gerade nicht Gemeinschaft im oben beschriebenen Sinn.

Drei Typen von Kommunikation

In der Praxis hat sich in den letzten Jahren eine Fülle von Zielgruppen und Methoden der Besuchsdienstarbeit herauskristallisiert. Im Folgenden soll versucht werden, diese Vielfalt unter der Fragestellung zu ordnen, in welcher Weise dabei Kommunikation gepflegt wird. Zugleich soll die Praxis von der theologischen Zielsetzung her kritisch überprüft werden.

a. Pflege bestehender Gemeinschaft

Ein großer Teil der Besuche knüpft an bestehende Kontakte an und führt sie fort. Es werden Menschen besucht, zu denen die Mitarbeiter entweder persönlich eine Beziehung haben oder die mit der Gemeinde verbunden sind. Diese Leute nehmen gelegentlich an kirchlichen Veranstaltungen teil oder lassen zumindest von ihrer Einstellung her eine gewisse Nähe zur Kirche erwarten, auch wenn sie selten in die Kirche gehen.

Zu solchen Besuchen sind zu zählen:
- Besuche bei alt gewordenen Gemeindegliedern;
- der Großteil der Geburtstagsbesuche bei alten Menschen;
- ein großer Teil der Krankenbesuche;
- der Kassettendienst.

Diese Besuche sind in der Regel für alle Beteiligten sehr schön. Der Besuchte freut sich, wenn von der Gemeinde jemand kommt, auch wenn die Begegnung auf der Grenze zwischen privat und offiziell liegt. Oft wird der Besuch regelrecht erwartet. Er wird als eine Anerkennung für die Dienste, die man selber der Gemeinde geleistet hat, oder doch zumindest für die Treue, mit der man viele Jahre Mitglied war, empfunden. Man teilt dem Besucher seine Freude mit. Der wiederum fühlt sich bestätigt und in seiner Mühe anerkannt. Die beiden tauschen gegenseitig „Streicheleinheiten" aus.
Es ist gut, wenn die Gemeinde nicht nur die verschiedenartigen Opfer der Gemeindeglieder wünscht oder gar fordert, sondern wenn die Menschen durch die Gemeinde auch beschenkt werden. Es ist gut, wenn nicht nur die Bedürfnisse der Organisation, sondern auch die der Menschen gesehen und befriedigt werden. Es ist gut, wenn treue Mitarbeiter und Gemeindeglieder die Anerkennung bekommen, die sie brauchen. Hier wird Gemeinschaft gepflegt. Man sollte sich nur darüber im Klaren sein, daß die Gemeinde mit diesen Besuchen in ihren eigenen Grenzen bleibt.

b. Aufnahme angebotener Kontakte

Immer wieder kommen Menschen, die nur lose mit der Gemeinde verbunden sind, um in entscheidenden Lebenssituationen den Dienst der Gemeinde in Anspruch zu nehmen. Was wollen die Menschen eigentlich, die sich kirchlich trauen, ihr Kind taufen oder einen Angehörigen kirchlich bestatten lassen? Die meisten können darüber selber kaum Auskunft geben. Vordergründig geht es um einen feierlichen Rahmen, den die Kirche für ein einschneidendes

Lebensereignis bieten kann. Unbewußter und oft nicht aussprechbar scheint der unbestimmte Wunsch zu sein, einen wichtigen Schritt nicht ohne Gott tun zu wollen, an einer entscheidenden Stelle des Lebens mit Gott in Übereinstimmung zu sein. An den Wendepunkten des Lebens suchen diese Menschen in unserer Gemeinde Gemeinschaft mit Gott.
Die Gemeinde würde zu wenig geben, wenn sie hier nur ein feierliches Ritual anbieten wollte. Gott schenkt sich in der menschlichen Gemeinschaft, so wie er sich in dem Menschen Jesus Christus schenkte. Gelegentlich werden Brautleute- oder Taufelternseminare angeboten. Dieser Schritt scheint in die richtige Richtung zu weisen. Solche Angebote dürften aber nicht zuerst als Informationsveranstaltungen angesehen werden. Die Menschen sollten vielmehr erleben, daß da eine Gemeinde ist, die diesen Schritt mitgeht, mitträgt und hilft, wo es nötig ist.

In diesem Zusammenhang werden z. T. auch Hausbesuche gemacht:

- bei Trauernden, z. B. ein Jahr nach dem Todestag des Angehörigen;
- bei Taufeltern zum Jubiläum der Taufe;
- bei Braut- und Ehepaaren vor und nach der Trauung.

Diese Besuche knüpfen einerseits an ein Kommunikationsangebot an, das uns als Gemeinde gemacht wird, andererseits auch wieder nicht. Tatsächlich kommen die Menschen zu uns und suchen etwas. Aber wir verstehen ihr Bedürfnis anders, als ihnen das selbst bewußt ist. An einen solchen Besuch hatten sie jedenfalls nicht gedacht, als sie zum Pfarrer oder in die Kirche kamen. Um so wichtiger ist es, diese Besuche anzukündigen und sie dabei verständlich zu machen. Dies kann bei den sog. Kasualgesprächen[1] geschehen oder durch einen Brief. Ein solcher Besuch erreicht nur dann seinen Sinn, wenn er von den Besuchten akzeptiert werden kann, d. h., wenn sie ihr Anliegen darin wiederfinden.
In der Praxis der Besuchsdienste werden solche Besuche selten gemacht. Als Gründe können vermutet werden, daß das Bedürfnis dieser Menschen zu unklar ist, daß sie den Wunsch nach einer „Amts“-handlung äußern und nicht nach einem Dienst der Gemeinde und schließlich die Einsicht, daß diese Besuche viel Einfühlungsvermögen verlangen.

c. Kontakte neu anknüpfen

Hier geht es darum, Menschen zu erreichen, die keinen Kontakt zur Gemeinde haben und ihn momentan auch nicht suchen, weil sie mit anderen Dingen

1 Kasualien sind kirchliche Amtshandlungen wie Taufe, Trauung, Beerdigung usw. Es wäre zu überlegen, ob bei solchen Kasualgesprächen nicht schon der Mitarbeiter dabei sein könnte, der später auch den Besuch machen wird, so der sinnvolle Vorschlag von R. Bohren.

beschäftigt sind, weil ein aktueller Anlaß fehlt, weil sie sich über die Kirche geärgert haben oder mit ihr und dem Glauben nichts anfangen können. Diese Menschen erreichen wir nur, wenn wir zu ihnen hingehen. Von allen schriftlichen Einladungen per Post, auf einem Plakat oder in der Zeitung werden sie sich in der Regel nicht angesprochen fühlen.

Menschen, die der Kirche oder dem Glauben entfremdet sind, erreichen wir hauptsächlich durch:

- Besuche bei Neuzugezogenen;
- flächendeckende Besuche z. B. in einem Gemeindebezirk;
- Geburtstagsbesuche bei jüngeren Gemeindegliedern.

Viele distanzierte Kirchenmitglieder empfangen den Besucher bei solchen Gelegenheiten zunächst reserviert, z. T. weil sie nicht auf einen Besuch gefaßt sind oder weil ihr schlechtes Gewissen mobilisiert wird. Ihnen ist bewußt, daß sie vielfach nicht nach den Maßstäben der Kirche leben. Sie fürchten, sich mühsam rechtfertigen zu müssen und doch nicht verstanden zu werden. Die Erfahrung aber zeigt und wird dabei von den Umfragen bestätigt, daß auch hier grundsätzlich eine große Bereitschaft zu einem Gespräch mit der Kirche vorhanden ist, wenn der wirkliche Grund des Besuchs erst einmal verstanden wurde. Deshalb ist es, wie bei der vorigen Zielgruppe, auch hier von entscheidender Bedeutung, daß wir ein akzeptables Kommunikationsangebot machen. Das bedeutet, wir sollten glaubhaft machen können, daß wir kommen, um zu verstehen, nicht um zu verurteilen. Besonders hier kommt es darauf an, „ohne Waffen und Beutel" hinzugehen und zu „essen, was uns vorgesetzt wird".[2]
Wiederum wird es sinnvoll sein, dieses Kommunikationsangebot in einem Brief mitzuteilen, so daß der Empfänger es in Ruhe zur Kenntnis nehmen und überdenken kann. Unser Kommunikations„angebot" schließt ein, daß wir dem Empfänger die Möglichkeit einräumen, es abzulehnen.
Auch hier ist festzustellen, daß solche „grenzüberschreitenden" Besuche in unseren Gemeinden sehr selten gemacht werden. Meist wird der Mangel an Mitarbeitern als Hauptgrund genannt. Die uneingestandene Furcht vor den unsicheren Situationen, in die wir da geraten können, dürfte aber eine viel wichtigere Rolle spielen. Wer will sich schon wie ein Schaf den Wölfen ausliefern lassen? Am ehesten werden solche Besuche von denen gemacht, die zur Not noch irgendeinen „Knüppel" aus der Tasche ziehen können, die also besonders bibelfest oder redegewandt sind.

Zusammenfassung
Der Blick auf die Praxis bestätigt den anfänglichen Eindruck: Unsere Gemein-

2 Vgl. noch einmal Lk 10,1-12.

den tun sich schwer mit der Kommunikation. Am liebsten bleibt man unter sich oder geht zu denen, die man schon kennt. Gesellschaftliche Randgruppen wie z.B. Umsiedler oder Asylanten stehen auch im Bewußtsein unserer Gemeinden am Rande. Es gibt wenig Versuche, mit ihnen Kontakt aufzunehmen. Man sähe es gern, wenn die Leute zu uns kämen, um das zu essen, was wir ihnen vorsetzen können, wenn die Kommunikation über unsere Inhalte und zu unseren Bedingungen stattfinden könnte.
Auf die anderen zugehen und auf sie eingehen heißt, sich selber in Frage stellen lassen. Eine solche grenzüberschreitende Kommunikation bringt nicht nur Unsicherheit für den einzelnen Mitarbeiter, sondern auch für die Gemeinden und die Kirche. Die distanzierten Kirchenmitglieder würden uns womöglich auf unsere Schattenseiten aufmerksam machen, die sie viel deutlicher sehen als wir selber. Andererseits lehrt die Erfahrung, daß nur der sich ändern und neu werden kann, der seine Schattenseiten wahrzunehmen wagt. Das war zur Zeit Jesu auch schon so. Die Sünder fanden eher den Weg zu ihm als die Gerechten, weil sie eher bereit waren, ihre Schattenseiten anzunehmen. Das sollte uns Mut machen, auch unseren dunklen Seiten zu begegnen.

Was wollen und was können wir erreichen?

Wir haben davon gesprochen, daß unsere Besuche mehr von einem Grund bestimmt sind als von einem Zweck: Wir gehen zu den Menschen, weil wir Gemeinde Jesu Christi sind, der zu den Menschen hinging. Dennoch werden unsere Besuche nicht völlig absichtslos sein können. Um der Klarheit unserer Aufgabe willen ist es notwendig, daß wir uns die Ziele des Besuchsdienstes bewußtmachen und dann auch sagen können, was wir wollen. Diese Auskunft sind wir nicht nur den Besuchten schuldig, wir brauchen diese Klarheit der Ziele auch für uns selber. Manche Besucher machen nach einiger Zeit einen sehr frustrierten Eindruck. Sie haben das Gefühl: „Es kam nichts dabei heraus." Gefragt, was sie denn erwartet hatten, können sie nur mit den Schultern zucken. Irgendwie sollte das Gemeindeleben viel besser werden ... meinen sie. Was der Besuchsdienst wirklich dazu beitragen kann, war ihnen unklar geblieben.

Wenn wir uns klarmachen, was wir selber erreichen wollen und können,

dann bedeutet das nicht, daß wir geistliches Leben in der Gemeinde für „machbar“ hielten. Natürlich ist es Jesus Christus selber, der seine Gemeinde baut. Das schließt aber nicht aus, sondern ein, daß sich die Bauleute Rechenschaft geben, was sie heute mit welchen Mitteln erreichen wollen. Zum Suchen nach Zielen gehört das Gebet um den nüchternen Blick für das Nötige und der Wille, das Mögliche zu tun.
Hier einige Gesichtspunkte, die klarmachen wollen, was Arbeitsziele sind und was sie für die Gemeindearbeit und auch für den Besuchsdienst bedeuten:

- Ziele sind von Methoden zu unterscheiden. „Wir wollen Besuche machen“ ist kein Ziel, sondern eine Methode. Der Satz sagt nicht aus, was durch die Besuche erreicht werden soll.
- Ziele sollen realistisch, d. h. erreichbar sein. Dabei ist z. B. die Zahl der Mitarbeiter zu berücksichtigen.
- Ziele sollen klar sein. Der Satz „Wir wollen unser Gemeindeleben verbessern“ ist nicht klar, denn er sagt nicht aus, was schlecht ist und was anders werden soll.
- Ziele sollen überprüfbar und korrigierbar sein. Nach einiger Zeit muß nachgeprüft werden, ob das, was wir Menschen tun können und tun wollten, erreicht wurde, bzw. warum es nicht erreicht wurde. Gegebenenfalls müssen Ziele und Methoden geändert werden.

Aus den vorigen Abschnitten dieses Kapitels ergibt sich ein **grundlegendes Ziel** für die Gemeindearbeit, das man so formulieren könnte:

- Die gelebte Beziehung unter den Menschen und mit Gott soll intensiver werden.

Ein Weg dazu ist der Besuchsdienst. Er kann dieses Ziel nicht allein erreichen.[3] Aber er kann durch **Teilziele** dazu beitragen, z. B.:

- Durch Hausbesuche sollen die Beziehungsfäden in unserer Gemeinde gestärkt werden, d. h.:
- Der Gedankenaustausch unter den Gemeindegliedern über alle Fragen des Lebens und des Glaubens soll durch dieses neue Gesprächsangebot intensiviert werden.
- Anregungen und Fragen gerade auch der Gemeindeglieder, die selten zu Veranstaltungen kommen, sollen aufgenommen werden.

3 Wichtig ist z. B., wie persönlich oder unpersönlich es im Gottesdienst zugeht. Auch Hauskreise sind Orte der Kommunikation in der Gemeinde.

Für die Besuche z. B. bei Neuzugezogenen ergeben sich z. B. folgende **praktische Arbeitsziele**:

- Neuzugezogene Gemeindeglieder sollen 6 bis 8 Wochen nach dem Umzug willkommen geheißen werden, indem ein Mitarbeiter einen Besuch macht und dadurch unser Interesse zur Kommunikation mit ihnen zum Ausdruck bringt.
- Der Besuchte soll Gelegenheit haben zu sagen, was ihm wichtig ist im Blick auf seine persönliche Lage, im Blick auf das Zeitgeschehen und im Blick auf Kirche und Glauben.
- Er soll über unser Gemeindeleben informiert werden, soweit er dies wünscht.
- Durch die Atmosphäre des Besuchs und die Worte des Besuchers soll er einen ersten Eindruck von unserer Gemeinde gewinnen.
- Dazu dient auch eine Informationsschrift über unsere Gemeinde, die wir mitbringen. Darin machen wir an wenigen Punkten exemplarisch deutlich, was es für uns heißt, Gemeinde Jesu Christi zu sein. Wir zeigen, daß wir offen sind für Menschen und für Fragen der Zeit. Das soll dem neuen Gemeindeglied Lust machen, am Gemeindeleben teilzunehmen.

Diese praktischen Arbeitsziele sind realistisch, wenn genügend Mitarbeiter vorhanden sind, wenn die Adressen rechtzeitig zur Verfügung stehen und wenn die Gemeinde wirklich so offen ist, wie hier angenommen wird. Sie sind klar, weil man sich vorstellen kann, was geschehen soll. Und sie sind überprüfbar.

- Gibt es in Ihrer Gemeinde ein grundlegendes Ziel der Gemeindearbeit, das über die Wahrung des bestehenden Zustandes hinausgeht? Halten Sie es für notwendig, sich über ein solches Ziel Gedanken zu machen?
- Was kann der Besuchsdienst zu diesem Gesamtziel beitragen? Formulieren Sie Ziele Ihrer Besuchsarbeit, die auf das Gesamtziel hinarbeiten.
- Formulieren Sie praktische Arbeitsziele für Gebiete, die hier nicht besprochen wurden, wie z. B. Besuche bei kranken oder alten Menschen.

3

Besuchsdienst – ist das etwas für mich?

Briefwechsel

Lieber Herr R.,
mein Gemeindepfarrer hat mich gefragt, ob ich mir vorstellen könnte, im Besuchsdienst mitzuarbeiten und bei anderen Gemeindegliedern Hausbesuche zu machen. Nun überlege ich hin und her, ob ich diese Aufgabe übernehmen soll.
Es stimmt mich irgendwie traurig, daß uns das Miteinander-Christsein so schwerfällt, obwohl dies doch eigentlich das Selbstverständlichste sein müßte. Ich fürchte mich, zu Leuten zu gehen, angemeldet oder nicht, und sie zu meinem Christsein zu überreden oder sie zum Kirchgang oder in irgendwelche speziellen Kreise einzuladen. Daß sie überall willkommen sind, wo die Kirche tätig ist, wissen sie doch ohnehin.
Wäre es nicht wichtiger, daß es in unseren Gottesdiensten und sonstigen Veranstaltungen anders zugeht, so daß z. B. ein Fremder nicht wieder so weggeht, wie er gekommen ist, ohne daß jemand ein freundliches Wort zu ihm gesagt hat?
Etwas wehrt sich in mir gegen das Besuchemachen. Wenn ich recht überlege, kann ich für meine Hemmungen vielleicht folgende Gründe angeben:
Erstens möchte ich die Privatsphäre anderer Leute nicht verletzen. Wenn ich in die Wohnungen gehen soll, komme ich mir einfach ein bißchen aufdringlich vor. Andererseits könnte ich jederzeit meine Mitmenschen im Altersheim oder im Krankenhaus besuchen. Ist das nicht merkwürdig?
Zweitens fällt es mir sehr schwer, von meinem „bißchen“ Glauben zu reden. Daß die Juden den Namen Gottes überhaupt nicht aussprechen, finde ich sehr

angemessen. Ich befürchte auch, die Leute könnten zu große Erwartungen an mich haben, die ich ohnehin nicht erfüllen kann. Ich bin nicht bibelfest.
Außerdem bin ich mit der Institution Kirche nicht immer ganz einverstanden, und auch die verschiedenen Kreise sind mir oftmals zu selbstzufrieden und zu sehr „geschlossene Vereine", als daß ich alles mit fröhlichem Herzen anpreisen könnte.
Die Offenheit und das zwanglose Miteinander auf dem Kirchentag gefallen mir sehr gut. Davon müßte in der Kirche viel mehr zu spüren sein.
Ich denke, Gott ist viel größer, als wir uns meistens vorstellen. Ganz sicher ist er auch außerhalb unserer Institutionen und Veranstaltungen gegenwärtig. Er ist doch der Schöpfer aller Menschen und liebt seine Geschöpfe, ob sie nun in die Kirche gehen oder nicht. Denken wir nicht zu klein von ihm und nehmen wir uns nicht selber zu wichtig, wenn wir die Leute so sehr bewegen wollen, zu uns zu kommen?
Ob Sie mir für meine Überlegungen wohl ein paar Anregungen geben könnten?
Es grüßt Sie ganz herzlich

Ihre Frau H.

Liebe Frau H.,
ich höre aus Ihrem Brief sehr viel Achtung vor den Menschen heraus, gerade auch vor denen, die nicht zu unseren kirchlichen Veranstaltungen kommen. Sie achten ihre Privatsphäre, Sie können die kritische Distanz zur Kirche verstehen, weil Sie selber die Fehler und Schwächen unserer Kirche sehen. Sie erkennen an, daß es auch außerhalb unserer Kirchen und Gemeinden Beziehung zu Gott gibt. Sie wollen diese unkirchliche Religiosität nicht madig machen, sondern versuchen, sie zu achten und zu verstehen. Sie haben ein Gespür für das Heilige, das Gott umgibt und das wir auch in unserem Reden von ihm achten sollten. Kurz: Sie wären eine ideale Besucherin.
Sie fragen sich, ob Sie unter den Voraussetzungen, die Sie genannt haben, überhaupt Besuche machen können. Ich meine, nur unter diesen Voraussetzungen dürfen wir es als evangelische Kirche.
Daß es Menschen gibt, die unsere Besuche brauchen, darüber sind wir uns einig. Wir dürfen die Schwachen, also z. B. die Alten und Kranken, nicht allein lassen. Aus unseren Gesprächen weiß ich, daß Sie hier eine ganz wichtige Aufgabe für unsere Gemeinden sehen und daß Sie auch bereit sind, sich dafür zur Verfügung zu stellen. Aber was ist mit den „Starken", die doch selber kommen könnten, wenn sie nur wollten und wenn unsere Gemeinden einladender wären? Warum sollen wir die besuchen?

Vielleicht kann ich Ihre „Hemmungen" in einen Punkt zusammenfassen: Es gibt da eine Überheblichkeit, die vom eigenen Christsein, von den eigenen Glaubenseinsichten und kirchlichen Veranstaltungen sehr eingenommen ist. Sie meint, ununterbrochen andere davon überzeugen zu müssen, und übersieht dabei die eigenen Fehler. Manchmal scheint es, als ob Mission zum Ersatz für Buße geworden sei. Die eigene Einstellung wird offensiv vertreten, um sich gegen die Einsicht der eigenen Fragwürdigkeit abzuschirmen. Unter diesem Vorzeichen möchte ich auch keine Hausbesuche machen.
Wir sollten Offenheit und eine herzliche, zwanglose Gemeinschaft erst in unserer Mitte praktizieren, damit da auch etwas ist, wozu wir mit einem gewissen Recht einladen können. Da kann ich Ihnen wieder nur zustimmen. Kirchentagserlebnisse schweben Ihnen als Leitideen vor.
Es sind wohl drei Dinge, die einen Kirchentag und ähnliche Feste so eindrucksvoll machen: Geist, Zeichen und Methode.
Der Geist ist das Wichtigste, der Geist der Offenheit, der Freude und Brüderlichkeit, den Gott seiner Kirche verheißen und immer wieder geschenkt hat. Und natürlich sind Menschen notwendig, die diesen Geist wollen und sich ihm zur Verfügung stellen.
Der Geist wird erlebbar in Zeichen. Dazu gehören die spontanen Gesten, aber auch das gemeinsame Singen. Sie wissen natürlich, wieviel Vorbereitung hinter solchen Kirchentagsfesten steckt. Da haben sich Menschen wochen-, ja monatelang methodische Schritte überlegt, damit es zu solchen Begegnungen kommen kann. Methoden sind bewußt gewählte Zeichen und gewollte Ereignisse, die dem Geist angemessen sind, den man sucht. Diese Methoden werden dem Geist sozusagen angeboten mit der Bitte, sie zu gebrauchen. Ich halte einen Besuchsdienst nur für eine empfehlenswerte Methode in einer Gemeinde, die den Geist der Offenheit und Brüderlichkeit sucht. Nur dort kann er zum Zeichen der Offenheit für Fremde werden.
Auf Ihre Frage, ob wir Besuche machen sollen bei Menschen, die nicht in unsere Gemeinde kommen, obwohl sie könnten, möchte ich mit zwei Gegenfragen antworten: Wenn wir den Geist der Offenheit und Brüderlichkeit wollen, können wir dann auf das Zeichen dieser Besuche verzichten? Und: Nicht zu besuchen, ist das nicht auch ein Zeichen? Sehr viele Menschen, die seit Jahren von ihrer Kirchengemeinde nicht besucht wurden und wenn, dann nur zum Sammeln, verstehen es so: als ein Zeichen dafür, daß die Kirche gar nicht an ihnen interessiert ist und daß die Kirchgänger dort sich selber genug sind.
Sie merken, worauf ich hinauswill: Der Besuchsdienst wird vom Geist der Gemeinde und der Mitarbeiter geprägt. Eine Gemeinde, die sich anderen Menschen öffnen und zuwenden will, wird bald auch das Besuchemachen als eine geeignete Methode entdecken. Dann geht es nicht mehr darum, andere Menschen von der eigenen Frömmigkeit zu überzeugen und für bestehende For-

men kirchlicher Arbeit zu vereinnahmen. Diese Besuche verfolgen in erster Linie nicht einen Zweck, sondern haben einen Grund: Der Geist der Offenheit und Anteilnahme einer Gemeinde will Gestalt gewinnen. Diese Besuche sind ein Ausdruck der Solidarität mit den Menschen in ihren vielfältigen Freuden und Leiden. Noch einmal: Können wir auf dieses Zeichen verzichten?
An einem Punkt möchte ich nicht mißverstanden werden. Es geht mir nicht um ein billiges Sich-Anpassen. Wenn wir nicht unbedingt von unserem Glauben reden wollen oder gar müssen, dann heißt das nicht, daß wir keinen hätten. Eine Gemeinde, die in diesem Geist Besuche macht, hat eben gerade nicht ihre Identität als Gemeinde Jesu Christi verloren und startet nun ersatzweise Aktionen nach dem Motto „Seid nett zueinander!". Sie tut dies bewußt im Gehorsam gegen ihren Herrn, von dem sie, wenn die Zeit gekommen ist, auch reden kann. Diese Besuche sind kein zwischenmenschlicher Ersatz für eine tiefe Frömmigkeit, sondern ihre zwischenmenschliche Sprache.
Um solche Besuche zu machen, müssen Sie nicht bibelfest sein, jedenfalls nicht in dem Sinn, daß Sie auf den Topf einer jeden Lebensfrage gleich einen Deckel in Gestalt eines Bibelverses setzen könnten. Wichtiger ist die Solidarität mit den Fragenden und Leidenden. Im Lauf der Zeit werden Sie dann schon merken, an welchen bibelkundlichen und theologischen Fragen Sie weiterarbeiten wollen.
Ich hoffe, daß diese Gedanken Ihnen helfen, Ihre Entscheidung zu finden.
Mit ganz herzlichen Grüßen

Ihr W. R.

Eigne ich mich als Besucher?

Liebe Leserin, lieber Leser,
das ist eine sehr persönliche Frage, vor die ich Sie mit der Überschrift dieses Abschnitts stelle. Deshalb spreche ich Sie nun ganz direkt an. „Eigne ich mich?", das ist die Frage: „Wer bin ich? Welche Gaben habe ich empfangen, und was ist aus mir und meinen Gaben im Lauf meiner Lebensgeschichte geworden?"
Gott hat jedem Menschen Gaben verliehen, aber jedem Menschen andere. Einige dieser Gaben sind im Lauf unserer Lebensgeschichte kräftig gewachsen, andere sind zurückgeblieben, wieder andere sind durch bestimmte Ereignisse blockiert. Es ist weise, darauf zu achten, wenn wir Aufgaben übernehmen oder wenn andere sie uns zumuten wollen.
Haben Sie sich überhaupt schon einmal gefragt, welche Gaben Sie empfangen haben? Gelegentlich höre ich den Satz: „Ich habe überhaupt keine Gaben." Das stimmt so natürlich nicht. Wer so redet, will im Grunde sagen: „Ich kenne

mich selber nicht gut genug, um sagen zu können: Da habe ich eine starke Seite und dort eine schwache." Manchmal wagen wir es auch nicht, uns zu unseren starken Seiten zu bekennen und unsere Schwächen zuzugeben.
Ist der Besuchsdienst eine Aufgabe, die Ihren Gaben entspricht? Sie können versuchen, auf diese Frage eine Antwort zu finden, indem Sie sich in Erinnerung rufen, wie Ihre Kontakte zu anderen Menschen gewöhnlich verlaufen.

- Wie groß ist Ihre Scheu, wenn Sie fremde Menschen ansprechen sollen? Sehr groß, mittelmäßig – oder kennen Sie so etwas gar nicht?
- Welche Rolle spielen Sie in Gesprächen zu zweit und in Gruppen? Gehören Sie eher zu den Wortführern oder sind Sie meist der stille Zuhörer?
- Was spielt sich in Ihnen ab, wenn Sie gerade nichts sagen? Können Sie mit Ihrer Aufmerksamkeit dem andern folgen? Oder sind Sie in Gedanken dabei, Ihre eigenen Vorstellungen zu entwickeln?
- Sagen Sie nach einiger Zeit auch selber wieder etwas, oder warten Sie, bis Sie dazu eingeladen werden? Können Sie dann Ihre Vorstellungen einbringen, oder ärgern Sie sich, weil das, was Ihnen wichtig wäre, nicht vorkommt?
- Knüpfen Sie mit Ihren Gesprächsbeiträgen oft an andere an, oder stellen Sie Ihre Gedanken einfach daneben?

Gelegentlich sagt mir jemand: „Besuche machen ist für mich kein Problem. Herzklopfen vor einer fremden Haustür – das kenne ich nicht. Ich kann mit jedem reden. Mir fällt immer etwas ein." Ich muß gestehen, daß mir nicht wohl ist bei diesem Selbstbewußtsein. Mit einem anderen Menschen mehr als nur einen oberflächlichen Kontakt herzustellen halte ich für eine schwierige Arbeit, die von vielen Seiten gefährdet ist. Daß es mir nicht immer gelingt, liegt in vielen Fällen an mir selber, z. B. daran, daß ich zu sehr von meinen eigenen Problemen in Anspruch genommen werde und im Gespräch den Faden verliere, an dem der andere gerade spinnt. Ich lasse ihn dann zwar reden, aber ich höre nicht zu. Ich bin innerlich nicht bei ihm. Ohne es selber richtig zu merken, ziehen sich manche Menschen in ein unsichtbares Schneckenhaus zurück, um ihre Seele vor Verwundungen, ja selbst vor der Berührung durch andere zu schützen. Sie haben Angst vor Gefühlen, vor denen der anderen und vor den eigenen.

Ich denke, daß jeder von uns seine eigenen Behinderungen hat in der Beziehung zu anderen Menschen. Auch wenn Sie auf diese Weise gelegentlich an Ihre Grenzen stoßen und an ihnen leiden, sind Sie ein geeigneter Besucher, solange Sie trotzdem Beziehungen gestalten können, die Sie und Ihre Partner

froh machen. Im Besuchsdienst werden Sie mit diesen Behinderungen konfrontiert werden, aber Sie erhalten auch die Möglichkeit, daran zu arbeiten und Ihre Gabe der Beziehungsfähigkeit wachsen zu lassen. Jemand, der von solchen Schwierigkeiten nichts weiß, wird auch die Notwendigkeit nicht einsehen, auf diesem sehr persönlichen Gebiet zu lernen. Ihm möchte ich raten, vorerst im Besuchsdienst keine Besuche zu machen.
Besuchsdienst ist das Arbeiten mit und an menschlichen Beziehungen. In vielen Fällen müssen diese Beziehungen erst angeknüpft, später müssen sie gepflegt werden. Die vielleicht wichtigste Gabe für Besuchsdienstmitarbeiter ist daher

- **Kontaktfähigkeit**

Daß Ihnen diese Gabe geschenkt ist, merken Sie z. B. daran, daß es Ihnen mehr Freude macht, Menschen kennenzulernen und mit ihnen umzugehen als Sachaufgaben zu bearbeiten. Damit meine ich nicht die Sehnsucht eines Einzelgängers, der sich freut, wenn sich ein Mensch ihm zuwendet. Es wäre schwierig für Sie und für die Besuchten, wenn Sie im Besuchsdienst mitarbeiten wollten, weil Sie auf anderem Wege nicht genügend menschliche Kontakte finden. Vielleicht sollten Sie sich dann lieber einer anderen Gruppe anschließen, wo alle mithelfen, die Beziehungsfäden zu knüpfen, und diese Aufgabe nicht hauptsächlich Ihnen zufällt. Kontaktfähigkeit bedeutet auch, daß Sie offen sind für das Eigentümliche in der Persönlichkeit und in den Ansichten anderer, daß Sie zulassen können, daß der andere anders ist als Sie selber. Kontaktfähigkeit heißt zuhören können, und das ist mehr als nur reden lassen. Es heißt teilnehmen, sich mitfreuen und mitleiden wollen und können.
Das setzt z. B. voraus, daß Sie von Ihren eigenen Freuden und Leiden nicht so sehr in Anspruch genommen werden, daß gar kein Platz mehr da ist für Freud und Leid anderer. Ich möchte die Gabe, um die es da geht, mit dem Wort

- **Gesundheit**

bezeichnen. Dabei denke ich zunächst einmal an die geistige und seelische Gesundheit. Seelische Krankheiten werden in unserer Gesellschaft leider immer noch belächelt, so daß viele Menschen sich und anderen nicht zugestehen können, seelisch krank zu sein. Dabei wird jeder von uns gelegentlich seelisch krank. Da gibt es z. B. die seelischen Verletzungen. Der Verlust eines Menschen durch Ehescheidung oder Tod kann wie der Verlust einer Hand sein. Das ist eine schlimme Wunde, die viel Zeit braucht zum Heilen. Und dann muß man lernen, „ohne“ zu leben. Die Kündigung des Arbeitsplatzes z. B. kann eine schwere Kränkung sein, die ausheilen muß. Viele Menschen tragen schlecht verheilte Wunden oder Narben aus einer lang zurückliegenden Vergangenheit, ja vielleicht aus ihrer Kindheit mit sich herum, die gepflegt werden wollen.

Das sind Erlebnisse, die in unserer Seele danach drängen, verarbeitet zu werden. Die entsprechenden Gefühle und Themen drängen sich dann von selber ins Gespräch hinein. Manchmal zucken wir auch automatisch unbewußt zurück, wenn offene Wunden berührt werden. In beiden Fällen wird es uns schwer fallen, unserem Gesprächspartner gerecht zu werden. Es leuchtet wohl ein, daß das Pflegen solcher Wunden und Krankheiten nicht im Besuchsdienst geschehen sollte. Dazu ist die Seelsorge da. Wer wegen einer solchen seelischen Krankheit in einer seelsorgerlichen oder therapeutischen Beratung ist oder eigentlich eine solche bräuchte, sollte nicht Hausbesuche machen. Zumindest sollte er ausführlich mit seinem Seelsorger oder Therapeuten darüber sprechen. Das gleiche gilt, wenn jemand eine solche Beratung erst vor kurzem abgeschlossen hat.
Neben einer einigermaßen ausgeglichenen seelischen Verfassung sollten Sie natürlich auch ein Mindestmaß an körperlicher Gesundheit mitbringen. Das Gehen und Treppensteigen sollte Ihnen z. B. nicht zu große Mühe machen.
Wenn Sie Besuche machen und das Erlebte verarbeiten wollen, brauchen Sie das Gespräch in der Gruppe. Dort können die Mitarbeiter einander entlasten, ihre Wahrnehmungsfähigkeit und Einfühlsamkeit erweitern und einander korrigieren. Wer hier mitarbeiten will, braucht

- **Teamfähigkeit**

Das ist die Fähigkeit und Bereitschaft, sich in eine Gruppe einzubringen und mitzuteilen. Dabei geben wir nicht nur Informationen weiter, sondern ein Stück von uns selber, wenn wir erkennen lassen, wie wir uns fühlten und wie es uns erging. Teamfähigkeit bedeutet auch die Bereitschaft, sich von andern etwas sagen zu lassen.
Wenn Sie die inneren Widersprüche in unserer Kirche kennen und Ihren Glauben als ein Unterwegssein mit offenen Fragen erleben, werden Sie diejenigen gut verstehen können, denen vieles fragwürdig erscheint in der Kirche und am Glauben. Einem Menschen, dem sein Glaube oder seine Kirche fast schon zu einer fraglosen Selbstverständlichkeit geworden ist, wird dies schwerer fallen. Dennoch halte ich es für notwendig, daß ein Besucher eine eigene

- **Beziehung zur Kirche und zum Glauben**

mitbringt oder sie zumindest sucht. Er kommt schließlich im Auftrag der Gemeinde und sollte bei aller kritischen Distanz auch für sie einstehen können.
Wer andere Menschen bei der Verarbeitung ihrer Erlebnisse begleiten will, sollte die wichtigsten Reifungsschritte ins Erwachsenenalter vollzogen haben, er sollte eine gewisse

- **Reife und Lebenserfahrung**

mitbringen. Es ist schwierig, das in konkrete Jahreszahlen umzusetzen. Manche junge Menschen sind unter schwierigen Lebensumständen früh gereift, andere dagegen verharren noch im Erwachsenenalter in kindlichen Einstellungen. Dazu kommt, daß sich im Alter bei manchen Menschen wiederum eine geistige Verfestigung einstellt, die es ihnen schwermacht, auf andere einzugehen.

Wenn Sie mich recht verstanden haben, lieber Leser, dann haben Sie gemerkt, daß Sie zur Mitarbeit im Besuchsdienst nicht perfekt sein müssen. Wenn Sie sich beim einen oder anderen der genannten Punkte an Ihre Grenzen erinnert fühlen, dann sollte Sie das nicht resignieren lassen. Vielleicht haben Sie schon lange den Wunsch gehabt oder die Notwendigkeit gesehen, an diesem Punkt dazuzulernen. Dann wäre der Besuchsdienst und die vorbereitenden und begleitenden Gruppengespräche eine Chance, das zu tun. Wir wachsen mit unseren Aufgaben. Manche Gaben entdecken und entfalten wir erst, wenn wir uns einer entsprechenden Aufgabe stellen. Dieses eigene Wachsen und Reifen in der Begegnung mit anderen Menschen gehört wohl zu den schönsten Erfahrungen, die Mitarbeiter bei ihren Besuchen machen. Dazu kommt die Freude, Menschen zu entdecken und zu erleben. Es gibt so viele interessante Persönlichkeiten, die vom Leben zu Edelsteinen geschliffen wurden. Solchen Menschen zu begegnen empfinden viele Besucher als ein Geschenk.

Vielleicht fragen Sie sich nun nach diesen Überlegungen: „Bin ich noch zu jung?“ oder „Bin ich schon zu alt?“ Vielleicht ist Ihnen aber auch klar geworden, daß das Besuchemachen nicht Ihre Aufgabe sein kann, sei es, weil Ihre Gaben auf anderen Gebieten liegen oder weil Sie gemerkt haben, daß Wunden erst noch weiter heilen müssen. In beiden Fällen wäre das dennoch eine ermutigende und verheißungsvolle Entscheidung, weil Sie dieser Schritt in eine gute Richtung führen kann. Der Weg, den Sie eingeschlagen haben, kann Sie dahin führen, wo Sie mit Ihren Gaben gebraucht werden, auch wenn Sie Ihre Aufgabe erst noch suchen müssen. Oder im andern Falle werden Wunden, die nicht strapaziert werden, schneller heilen.

Wenn Sie unsicher sind, ob Sie sich für den Besuchsdienst eignen, oder wenn Sie nach einer anderen geeigneten Aufgabe suchen, möchte ich Ihnen Mut machen, mit einem Seelsorger darüber zu sprechen. Vielleicht ist Ihnen beim Nachdenken über Ihre Gaben und Grenzen eine Wunde oder Narbe Ihrer Seele erst (wieder) bewußt geworden. Auch dann möchte ich Sie einladen, diese Einsicht nicht wieder zu vergessen. Seelische Wunden heilen, indem die verletzenden Erlebnisse verarbeitet werden. Ein Gespräch mit einem Seelsorger kann dabei eine große Hilfe sein.

In jedem Fall danke ich Ihnen, daß Sie sich die Mühe gemacht haben, sorgfältig zu überlegen, welche Entscheidung in Ihrem Interesse und im Interesse der

Besuchten die bessere ist. Eine solche gute Entscheidung wird für alle Beteiligten zum Segen werden.

Ihr W. R.

- Welche Gaben scheinen Ihnen für den Besuchsdienst besonders wichtig zu sein?
- Von welcher Gabe möchten Sie selber mehr haben, und warum?
- Wie werden Sie damit fertig, daß Sie nicht perfekt sind und daher manchmal nicht so auf einen Menschen eingehen können, wie das für ihn gut wäre?

4

Gesprächsführung: ein wenig Theorie

Was können wir lernen?

H.: *Guten Morgen, Frau Meier!*
M.: *Ah, guten Morgen, Herr Huber.*
H.: *Ist das eine Wärme heute – und schon so früh am Tag.*
M.: *Ja, sieht nach Gewitter aus. Vergessen Sie Ihren Regenschirm nicht!*
H.: *Ich brauch keinen. Ich will noch wachsen.*
M.: *Na, dann werden Sie heut wohl Gelegenheit dazu haben.*
Auf Wiedersehen, Herr Huber!
H.: *Ja, bis bald!*

Jeder von uns führt täglich Gespräche, kurze wie Frau Meier und Herr Huber und natürlich auch längere. Miteinander zu reden müssen wir nicht erst lernen, weil wir es von klein auf gelernt und geübt haben. Für die meisten von uns ist es die natürlichste Sache der Welt. Seit wir als kleines Kind unsere Mutter wiedererkannten und durch Laute ihre Aufmerksamkeit zu erlangen suchten, führen wir Gespräche. Reden ist eine elementare Fähigkeit des bewußten Menschen. Durch das Gespräch knüpfen wir unsere Beziehungsfäden und teilen nicht nur Dinge, sondern uns selber mit. Daher müssen wir Gesprächsführung eigentlich nicht lernen, wir können es.
Wir können es – und doch zugleich auch wieder nicht. Wir können es nicht so, wie wir schreiben können: Wenn wir alle Buchstaben des Alphabets durchgenommen haben, sind wir fertig damit. Das Schreibenlernen ist dann abgeschlossen. Mit dem Gespräch ist das anders. Wir wundern uns z. B. manchmal, daß etwas ganz anderes dabei herauskommt, als wir wollten. Manchmal wollen wir einander etwas erklären und verstehen einander trotz vieler Worte nicht. Wir

wollen einander näherkommen und reden aneinander vorbei. Nach manchen Gesprächen fühlen wir uns wohl und wissen nicht, warum. Gelegentlich haben wir einen anderen verletzt, ohne es zu wollen und zu merken. Die Fähigkeit zum Gespräch ist ein Instrument, das wir selbstverständlich gebrauchen, solange wir uns zurückerinnern können. Und doch sind wir ununterbrochen dabei zu lernen, damit umzugehen. Jede Ehe, jede Freundschaft, jede Beziehung unter Menschen ist ein andauernder Kurs in Gesprächsführung.
Die Fähigkeit zum Gespräch ist eines jener Pfunde, das Gott jedem gesunden Menschen anvertraut hat. Wir brauchen es, um gemeinschaftsfähig zu sein. Wir bauen damit Brücken zueinander. Über diese Brücken gelangen wir in den Kopf und in das Herz eines anderen Menschen. Wir können etwas sagen, das den Verstand des anderen beschäftigt und Gefühle in ihm auslöst, und andere tun es mit uns ebenso. Oft können wir uns der Wirkung dieser Worte gar nicht entziehen. Was einer sagt, kann mich fesseln, ob ich es will oder nicht. Es kann mich froh machen oder mich kränken. Schon früh hat die Menschheit gelernt, mit der fesselnden Wirkung der Worte zu zaubern. Als Haushalter dieses anvertrauten Pfundes sollen wir verantwortlich damit umgehen.
Gespräche haben unterschiedliche Zielsetzungen. Wenn ich mich z.B. irgendwo nach dem Weg erkundige, dann möchte ich bestimmte Informationen erhalten. In dem Gespräch zwischen Frau Meier und Herrn Huber spielt diese Zielsetzung überhaupt keine Rolle. Es geht nicht darum, Informationen über das Wetter weiterzugeben wie im Wetterbericht. Das Anliegen eines solchen Gesprächs ist vielmehr, eine bestehende Beziehung zu pflegen. Würde Herr Huber einfach an seiner Nachbarin vorübergehen, ohne ein Wort zu sagen, so würde Frau Meier wahrscheinlich denken: „Er hat etwas gegen mich." Durch die Worte, die die beiden miteinander wechseln, versichern sie sich gegenseitig, daß die Beziehung in Ordnung ist.
Es gibt eine Fülle von möglichen Zielsetzungen für Gespräche. Es kann darum gehen, eine übereinstimmende Bewertung eines Sachverhaltes zu erzielen. Ein weiteres Ziel wäre, eine gemeinsame Entscheidung vorzubereiten. Jemand möchte einen anderen von seiner Meinung überzeugen. Ein Verkäufer möchte einen Kunden dazu bewegen, einen Staubsauger zu kaufen. Ein junger Mann versucht, seiner Freundin seine Gefühle mitzuteilen, und schreibt ihr deshalb ein Liebesgedicht. In der Regel steht ein Gespräch nicht unter einer einzigen Zielsetzung. Ein ganzes Bündel von Zielen wird mehr oder weniger bewußt verfolgt. Aber ein Ziel ist das wichtigste, um das es letztlich geht. Der Verkäufer will auch unterhalten, darum flicht er spaßige Bemerkungen ein. Er will informieren, darum führt er das Gerät vor. Aber letztlich will er etwas verkaufen.
In dem Augenblick, in dem in unserem Leben neue Aufgaben zu bewältigen sind, in dem sich neue Lebensziele stellen, lernen wir neue Formen der Gesprächsführung, teils bewußt, teils unbewußt. Der junge Mann hat als Bur-

sche kaum das Bedürfnis gehabt, differenziert über seine Gefühle zu sprechen. Jetzt möchte er sie seiner Geliebten vielleicht mitteilen können. Er lernt es, sich dessen bewußt zu sein, im Kino oder indem er Romane liest. Der Verkäufer dagegen wird von seiner Firma auf einen Kurs geschickt, wo er ganz bewußt und gezielt lernt, ein Gespräch anzuknüpfen und so zu steuern, daß es möglichst zu einem Verkauf kommt.

Kommen wir privat oder im Auftrag eines anderen?

Wenn wir nun Besuche machen im Auftrag unserer Gemeinde, dann sind wir in einer Situation, die uns nicht völlig fremd ist, die uns aber doch vor neue Aufgaben stellt. Wir haben schon oft andere Menschen besucht und Gespräche geführt. Aber daß wir nun nicht ausschließlich als Privatperson kommen, sondern als Glieder unserer Gemeinde, ist neu. Im Besuchsdienstseminar lernen wir u.a., uns in dieser Situation zurechtzufinden.
Manche Mitarbeiter wehren sich gegen diese neue Dimension des Besuchens. Sie sagen: „Ich möchte nicht so offiziell kommen. Mir ist die persönliche Begegnung wichtig. Wenn ich Besuche mache, dann kommt nicht die Gemeinde oder eine Institution, dann komme ich." So sympathisch diese Einstellung ist, sie entspricht wohl doch nicht ganz den Tatsachen.
Wir kommen eben doch auch als Beauftragte unserer Gemeinde. Mit uns kommt zugleich unser Absender. Trotzdem soll der Besuch nicht hochoffiziell und damit zugleich unpersönlich werden. Das ist die neue Aufgabe, die wir zu bewältigen haben. Wir müssen lernen, in einer neuen Situation angemessen zu sprechen.
Indem wir ganz persönlich als Mensch kommen, stellen wir uns einem anderen, Größeren, zur Verfügung. Dieses Andere soll durch uns zum Zuge kommen. In der Matthäus-Version der Aussendungsrede macht Jesus seine Jünger darauf ausdrücklich aufmerksam: „Wer euch aufnimmt, der nimmt mich auf; und wer mich aufnimmt, der nimmt den auf, der mich gesandt hat" (Mt 10,40). Indem Menschen hingehen, ereignet sich die Nähe Gottes, die uns in Jesus geschenkt ist.
Dieser Satz Jesu erklärt eigentlich nicht. Er deutet vielmehr ein Geheimnis an, das wir nicht begreifen können. Er ist eine Verheißung, die sehr an die Ankündigung erinnert, die der Engel der Mutter Jesu brachte: Jesus sollte in ihr zur Welt kommen, und in ihm wollte Gott zu den Menschen kommen. Maria aber sprach zu dem Engel: „Wie soll das zugehen?" Sie konnte das Geheimnis nicht ergründen, das ihr der Engel ankündigte. Aber sie stellte sich ihm zur Verfügung in all ihrer Menschlichkeit bis hin zu ihrer biologischen Konstitution als Frau: „Mir geschehe, wie du gesagt hast." Das

Geheimnis aber, das sie nicht verstand, hielt sie fest und bewegte es in ihrem Herzen (Lk 2,19).
Die Gegenwart Jesu ist nichts, das sich neben und außerhalb unserer menschlichen Kontakte ereignet. Manchmal werden wir von ihm sprechen können, manchmal nicht. An der Verheißung seiner Gegenwart ändert das nichts.
Seine Gegenwart und in ihr die Gegenwart Gottes in unserem Hingehen zu anderen Menschen ist nichts, worüber wir verfügen könnten. Wir haben diese Gegenwart nicht und können uns nicht damit groß machen. Im Gegenteil, dieser Satz will uns klein und bescheiden machen. Nur wenn unser Ich bescheiden zurücktritt, kann das Kommen Christi wahr werden. Vielleicht ist dies etwas, das wir lernen sollten durch unsere Methoden der Gesprächsführung: zurücktreten und dem, was da geschehen soll, Raum geben. Wir werden miteinander darüber nachdenken, wie das aussehen kann. So können wir vielleicht einiges vermeiden lernen, das ihm im Wege steht.

Der missionarische Hausbesuch oder das annehmende Gespräch

Diese Überschrift klingt doppeldeutig. Sie könnte auf eine Alternative hinweisen. Dann würden missionarisches Wirken und das annehmende Gespräch, wie es in der Seelsorgeausbildung gelehrt wird, einander ausschließen. Oder sie könnte einen mißverständlichen Begriff näher erläutern. Dann würde das Missionarische im annehmenden Gespräch gerade verwirklicht. Diese Einsicht liegt unserer Vorstellung von Gesprächsführung zugrunde. Im folgenden Abschnitt soll zunächst einmal das Verhältnis zwischen missionarischem und seelsorgerlichem Anliegen im Gespräch näher geklärt werden.
Eine Begegnung zwischen Menschen hat normalerweise drei Schwerpunkte: Da ist zunächst einmal

- der Anlaß und der äußere Rahmen der Begegnung. Es ist eben ein Unterschied, ob wir uns anläßlich einer Hochzeit oder einer Beerdigung treffen, ob ich jemanden besuche, weil er seinen siebzigsten Geburtstag feiert oder weil er krank ist.
- Weiter hat jeder der beiden Gesprächspartner sein Anliegen, Dinge, die ihn bewegen, die seinen Kopf und seine Seele beschäftigen und die ihm wichtig sind.

Eine solche Begegnung stelle ich mir vor wie ein gleichseitiges Dreieck. Wenn ich es mit dem Mittelpunkt auf die Spitze einer senkrechten Nadel lege, wird es in der Waagerechten bleiben. In einer ungezwungenen Begegnung erhält nun jede der Ecken das ihr zustehende Gewicht, indem jeder Teilnehmer die

Akzente setzt, die ihm wichtig sind. Je nachdem, wie groß das Gewicht ist, das auf die einzelnen Ecken gelegt wird, wird sich das Dreieck nach der einen oder anderen Ecke neigen. Wenn eine der Ecken das Übergewicht bekommt, wird das Dreieck kippen. Das bedeutet: Wenn einer der drei Gesichtspunkte nicht eingebracht oder unterdrückt wird, findet keine echte Begegnung mehr statt.

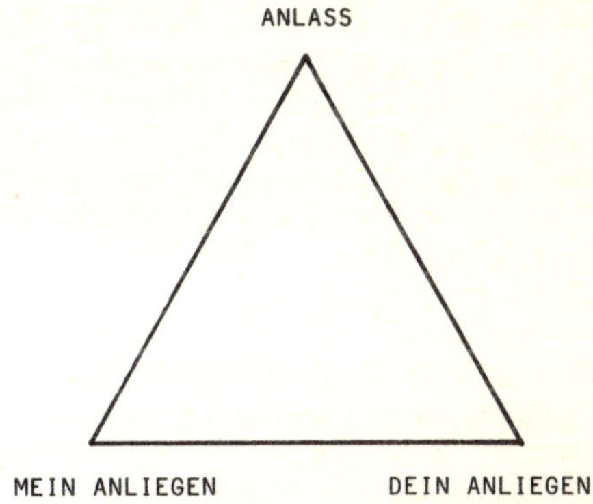

Es käme also darauf an, daß wir mit unserem Anliegen unseren Gesprächspartner nicht überfahren, daß wir andererseits aber wissen, was wir wollen, und es auch so sagen können, daß der andere sich darauf einlassen kann.

„In missionarischen Aktionen wird das Evangelium verkündigt. Wir sagen den Menschen, daß Gott sie liebt, daß Jesus Christus für all ihre Sünden gestorben ist, daß sie eingeladen sind, mit Christus ein neues Leben zu beginnen und durch ihn im Gericht errettet werden.“ So ähnlich würden viele ihr missionarisches Anliegen beschreiben. Der missionarische Hausbesuch hätte dann die Aufgabe, in die Häuser zu gehen und dies den Menschen zu predigen, die wir auf anderem Wege nicht erreichen.

Ich sehe eine große Gefahr darin, daß hier ausschließlich das Anliegen des Besuchers Gewicht erhält. Er bringt die Frohe Botschaft. Was könnte der Besuchte sagen, was demgegenüber noch ins Gewicht fiele? Es geht nur um die Frage, ob er diese Botschaft annehmen oder ob er sie ablehnen will. Ich habe also die Befürchtung, daß es zu keiner wirklichen Begegnung kommt, daß das Dreieck kippt.

Wir haben ganz am Anfang davon gesprochen, daß uns Jesus in sein Kommen hineinziehen will. Wir haben soeben gehört, daß sein Kommen in unserem Hingehen Ereignis werden will. Nun ist für Jesus charakteristisch, daß er nicht nur von der Annahme des Sünders durch Gott gesprochen hat, sondern sie vollzogen hat in dem, was er tat und was an ihm geschah. Indem er sich den Kranken in ihrem Elend zuwandte, geschah Evangelium. Indem er sich mit den Sündern und Zöllnern an einen Tisch setzte, vollzog er, wovon er sprach. Jesus ging nicht nur räumlich zu den Menschen hin, sondern er ließ sich auf ihr Menschsein ein. In dem beschriebenen Beziehungsdreieck hatte für ihn nicht nur seine Botschaft Gewicht, sondern auch das, was die Menschen viel vordergründiger bewegte. Deshalb schenkte er einem Brautpaar Wein, heilte Kranke und wies seine Jünger an, den Hungrigen etwas zum Essen zu geben.
Von diesem „inneren Hingehen" merke ich in dem oben beschriebenen missionarischen Programm zu wenig. Sicher haben auch die Gespräche, die hier geführt werden, etwas mit dem Annehmen zu tun. Sie sagen weiter, daß Gott den Sünder angenommen hat. Aber ich kann nicht sehen, daß sich der Besucher auf den Besuchten einläßt. Annahme des anderen Menschen in seiner Lage, mit dem, was für ihn wichtig ist, wird nicht erlebbar.

Im Gespräch den anderen annehmen

Psychologen haben eine Methode der Gesprächsführung entwickelt, die unter Namen wie z. B. „das annehmende Gespräch" auch in die Seelsorge übernommen wurde. Hier nimmt der geschulte Berater sein eigenes Anliegen so weit wie möglich, am besten völlig zurück. Der andere, der Ratsuchende, soll sagen können, was ihm wichtig ist. Seine Themen und seine Gefühle stehen im Mittelpunkt der Begegnung. Der Berater erzählt keine eigenen Erlebnisse, er sagt auch nicht, was er in diesem Falle für richtig hielte. Er begleitet vielmehr den Ratsuchenden auf seiner Suche nach dem richtigen Weg. Er versucht zu verstehen, wie es zu dieser schwierigen Lage kam, was sie für den Ratsuchenden und seine Angehörigen bedeutet und warum der eine oder andere Lösungsweg so schwer zu gehen ist.

- Nach dieser Auffassung von Gesprächsführung kommt es nicht darauf an, daß ich als Berater alles gesagt habe, was mir wichtig erscheint, sondern daß vor allem der andere das sagen konnte, was für ihn wichtig ist. Ich versuche, ihn zu verstehen, und zwar nicht nur mit dem Verstand, sondern mit dem Herzen, und das heißt: Ich versuche, ihn anzunehmen.

Das bedeutet nicht, daß ich ihm recht gebe, auch nicht, daß ich die Unterschiede zwischen gut und böse einebne und das eine wie das andere für annehmbar hielte. Es geht vielmehr darum, daß ich diese Fragen und Überlegungen zunächst einmal zurückstelle, um den anderen erleben zu lassen, daß er angenommen wird trotz allem. Ich sehe in dieser Einstellung eine Parallele zum Verhalten Jesu, der sich zu den Sündern und Zöllnern setzte und in das Haus des Zachäus ging. Damit hat Jesus nicht die Sünde verteidigt, sondern den Menschen demonstriert: „Indem ich zu euch komme, erklärt sich Gott bereit, euch wieder als seine Kinder anzunehmen." Die Einstellung Jesu wie die des Therapeuten will durch voraussetzungslose Annahme Konsequenzen ermöglichen. Dazu ist ein Stück Selbstverleugnung nötig. Wir haben uns an der Selbsterniedrigung Jesu schon einmal orientiert, als wir die Aufgabe des Besuchsdienstes grundsätzlich bestimmten. Wir tun dies nun noch einmal, indem wir nach der angemessenen Grundeinstellung bei der Gesprächsführung suchen.

Das Licht nicht unter den Scheffel stellen

Selbsterniedrigung und Selbstverleugnung bedeuteten bei Jesus nicht Positionslosigkeit. Er war nicht einer, der sein Fähnchen nach dem Wind hängte, etwa weil er nicht gewußt hätte, wer er war und welchen Auftrag er hatte. Die Bibelausleger betonen vielmehr, daß Jesus von einem großen Selbstbewußtsein getragen war, daß er ganz offensichtlich seine Identität in der Beziehung zu Gott gefunden hatte. In dieser Gewißheit redete und handelte er, aber es war nicht sein Anliegen, davon zu reden und andere von einer neuen Lehre zu überzeugen. Nur so ist es zu erklären, daß Jesus für sich keinen der messianischen Hoheitstitel in Anspruch genommen hat. Er war der Messias, handelte als Messias, redete auch mit der Vollmacht des Messias, aber er brachte keine neue Glaubenslehre vom Messias, die ihm die Israeliten abnehmen sollten.
Auch in der Psychologie setzt sich allmählich die Einsicht durch, daß der Therapeut seine eigene Person und seine Position nicht völlig im Unklaren lassen darf. Sie ist ohnehin im Spiel, auch wenn er nicht darüber redet. Gelegentlich wird er sagen müssen, wer er ist und woran er sich und seine Therapie orientiert, um dem Ratsuchenden Gelegenheit zu geben, sich auch mit ihm auseinanderzusetzen. Aber niemals wird er seine Position in den Vordergrund stellen, um den anderen davon zu überzeugen.
Über große Strecken des Gesprächs wird der Therapeut sich völlig zurücknehmen. Besonders am Anfang wird er den Ratsuchenden einladen, von sich selber zu sprechen. Er kann etwa fragen: „Was führt Sie zu mir?" und dann erwartungsvoll schweigen. Ich sehe darin das bescheidene Zurücktreten des eigenen Ich, von dem wir weiter oben gesprochen haben. Auch im Besuchsdienst

können wir dadurch dem anderen Gelegenheit geben, sich mitzuteilen, und dem Wirken des Geistes Raum geben.
Andererseits können wir uns nicht so sehr zurücknehmen wie der Therapeut. Schließlich ist nicht der andere zu uns gekommen, um mit uns zu sprechen, sondern wir sind zu ihm gekommen, um mit ihm zu sprechen. Auch wenn er nicht fragt: „Was führt Sie zu mir?“, steht diese Frage unausgesprochen im Raum. Wir müssen darauf antworten können.[1]
Wir sollten also unsere Ecke im Beziehungsdreieck besetzen, aber wir sollten ihr nicht das Übergewicht verschaffen wollen. Unsere Grundhaltung sollte die des annehmenden Zuhörens sein. So werden wir dem am ehesten gerecht, wozu uns Jesus gesandt hat.

Zwischen Selbstverleugnung und Selbstbewußtsein

Wir können nun zusammenfassen, was wir in einem Kurs über Gesprächsführung lernen wollen. Wir haben von der Verheißung gehört, daß Jesu Kommen Ereignis werden will, wenn wir hingehen, um anderen unsere menschliche Nähe anzubieten. Diesem Geschehen wollten wir uns zur Verfügung stellen. Dabei wollten wir versuchen, das zu vermeiden, was ihm im Wege steht. Auf zwei Gefahren sind wir aufmerksam geworden:

- Das eine ist die Gefahr, daß wir vom Kommen Jesu nur reden und dadurch das Ereignis verhindern. Dann kommen wir selber gar nicht, sondern liefern nur eine Botschaft ab und verhindern damit eine menschliche Begegnung. Wir sprechen davon, daß Gott den Menschen seine Nähe schenken will, aber wir selber sind nicht bereit, unsere Nähe zu schenken, indem wir auf das eingehen, was die Menschen bewegt. Wir sprechen davon, daß Gott keine Vorleistungen fordert, aber wir selber machen unsere Theologie zur Voraussetzung der Gemeinschaft mit uns und mit Gott.
- Das andere ist die Gefahr, daß unsere eigene Identität unklar bleibt, uns selber und den anderen gegenüber. Dann klammern wir ängstlich alles aus, was die Bedeutung unseres Kommens zur Sprache bringt. Dabei vermitteln wir die „Botschaft“, daß es uns peinlich ist, zu dem zu stehen, der unser Auftraggeber ist, sei es, daß wir unsicher sind, ob er es wirklich ist, oder sei es, daß wir nicht gelernt haben, in geeigneten Worten davon zu reden.

Welche dieser beiden Gefahren scheint Ihnen für Ihre Person und für Ihre Gruppe die größere zu sein? Warum ist das so?

1 Vgl. Kap. 11, Abschnitt „Was nötigt uns, vom Glauben zu sprechen?“

Jesu Kommen will in unserem Kommen Ereignis werden. Unser Kommen wird am ehesten in das Kommen Jesu hineingezogen, wenn wir wissen, daß wir als Glieder der Gemeinde Jesu Christi kommen, wenn wir dies, wo nötig, auch sagen können, wenn wir uns dann aber ganz auf die Menschen einlassen, die wir besuchen.
Im folgenden Kapitel soll näher untersucht werden, wie dieses voraussetzungslose Annehmen konkret aussehen könnte.

5

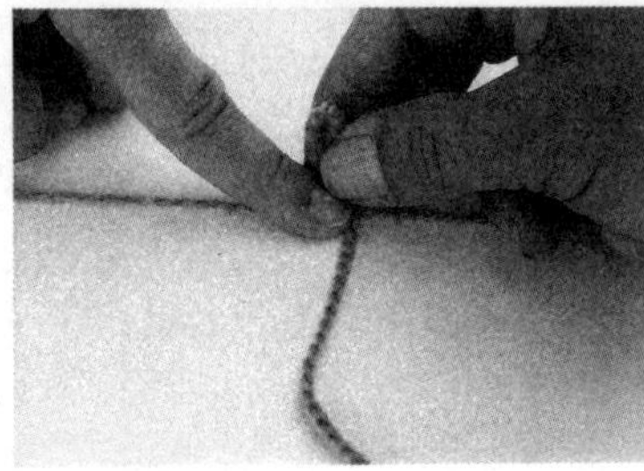

Gesprächsführung: Tips für die Praxis

Die beiden Gesprächsebenen

Schauen wir uns noch einmal das Gesprächsbeispiel am Anfang von Kapitel 4 an! Wir haben schon gesehen, daß da vordergründig über bestimmte Themen gesprochen wird. Von der Hitze am frühen Morgen ist die Rede, von einem Gewitter, das zu erwarten ist, und davon, daß der etwas klein geratene Herr Huber noch wachsen will. Aber spätestens bei diesem Wunsch merken wir, daß die Themen, die da besprochen werden, wohl doch nicht so ganz ernst gemeint sind. Es geht eigentlich nicht um die Themen, die da im Vordergrund abgehandelt werden. Diese Themen sind in unserem Beispiel sogar recht unwichtig. Die beiden Gesprächspartner haben sich zu diesen Themen nichts zu sagen, was jeder nicht schon wüßte. Die Themen werden vielmehr dazu benutzt, einander etwas mitzuteilen, was mit Gefühlen und Beziehungen zu tun hat.
Wenn Herr Huber einfach wortlos an seiner Nachbarin vorüberginge, würde Frau Meier wahrscheinlich denken: „Der hat etwas gegen mich!" Würde er nur mit einem knappen „Morgen!" seines Weges gehen, würde sie sich vielleicht fragen: „Was hat denn der heute? Ob er Sorgen hat?"
Nach diesem Gespräch weiß Frau Meier nichts Neues über das Wetter, aber sie weiß, daß die gute Nachbarschaft zu Herrn Huber ungetrübt ist, daß es Herrn Huber heute gut geht und seiner Frau und seinem Hund wahrscheinlich auch, denn Herr Huber ist heute gut aufgelegt. Herr Huber weiß etwa dasselbe von Frau Meier. Das haben sie einander mitgeteilt, als sie vom Wetter sprachen.
Dieses Gespräch hat, wie fast alle Gespräche, zwei Ebenen.
Im Vordergrund oder an der Oberfläche und unmittelbar faßbar ist die Sach-

ebene. Sie ist am auffälligsten und deshalb in unserer Zeichnung hervorgehoben. Auf ihr werden Themen abgehandelt und Informationen weitergegeben. Man nennt sie deshalb auch Themen- oder Informationsebene.
Im Hintergrund oder in der Tiefe liegt die Beziehungsebene. Sie wird uns in der Regel erst bewußt, wenn wir über ein Gespräch nachdenken. Weil sie nicht so schnell faßbar ist, haben wir sie in der Zeichnung etwas schwächer gedruckt. Auf ihr liegt die Bedeutung, die ein Wort oder ein Thema für uns hat, die Gefühle, die wir damit verbinden. Man spricht daher auch von der Gefühlsebene.

Sachebene	=	**Wörter + Informationen + Themen**
↓ ↑		↓ ↑
Beziehungsebene	=	Gefühl + Betroffenheit + Ergehen

„Mit der Seele" zu einem Menschen hingehen heißt: sich auf ihn einlassen, heißt: offen sein für das, was er fühlt, was ihn betroffen macht und wie es ihm ergeht. Das sind sehr persönliche Dinge. Es fällt uns nicht leicht, davon zu sprechen. Wir fürchten, der andere könnte verständnislos daherreden und uns an einer Stelle verletzen, wo wir ohnehin sehr empfindlich sind. Wenn uns nicht gerade das Herz überläuft, fallen wir nicht einmal gegenüber vertrauten Menschen mit der Tür ins Haus, von Fremden ganz zu schweigen. Wir testen erst, ob der andere willens und in der Lage ist, das verstehend aufzunehmen, was uns bewegt. Manchmal tun wir das ganz bewußt. Oft aber testet unsere Seele die Verständnisbereitschaft des Zuhörers, ohne daß wir es merken. Dann kann es vorkommen, daß wir auf einmal in einem Thema sind, das uns persönlich sehr berührt, ohne daß wir es angesteuert haben. Oder umgekehrt: Es will uns einfach nicht gelingen, über ein oberflächliches Plaudern hinauszukommen. Unsere Seele wehrt sich dagegen.
Es kommt also im Besuchsdienst darauf an zu hören, was unser Gegenüber sagt, welche Worte, Informationen und Themen er auf der Sachebene ausspricht, vor allem aber zu lauschen, was er uns auf der Beziehungsebene damit mitteilen will, welche Gefühle er anklingen läßt, wie es ihm jetzt zumute ist und wie es ihm erging, als er das Erzählte erlebte.
Wenn unser Gesprächspartner spürt, daß er hier verstanden wird, wird er wahrscheinlich Vertrauen und Mut fassen und uns mehr von sich mitteilen. Wenn wir spüren, wie es ihm ergeht, was die Dinge, von denen er redet, für ihn bedeuten, dann erst sind wir wirklich zu ihm gekommen, so wie Christus zu den Menschen kam, nicht nur indem er als Gott vom Himmel herabfuhr, sondern indem er ihr Leben auf sich nahm und ihr Elend an sich heranließ.

Verstehend antworten

Wenn unser Bemühen darauf ausgerichtet ist, unseren Gesprächspartner zu verstehen, dann wird auch unser Kopf und unser Herz ganz bei ihm sein, dann wird sich unser Verstehen oder zumindest das Bemühen um Verständnis auch in unseren Antworten niederschlagen. In der Besuchsdienstschulung werden wir das Lauschen auf unausgesprochene und angedeutete Botschaften und das verstehende Antworten üben.
Der Psychotherapeut C. R. Rogers hat dazu eine Haltung entwickelt, die als „Spiegelmethode" bekannt wurde. Danach versucht der Berater so genau wie möglich das widerzuspiegeln, was er gehört hat. Dabei kommt es aber nicht darauf an, das Gesagte wie ein Papagei nur zu wiederholen. Rogers will, daß der Berater lernt, zu verstehen und zu zeigen, daß er verstanden hat. Machen wir uns das an einem Beispiel klar:

Frau F.: *Ach, ich habe solche Kopfschmerzen heute!*
Berater: *Sie haben heute Kopfschmerzen?*

Das wäre die „Papageienmethode". Auch wenn hier nicht erreicht wird, was Rogers eigentlich will, so bleibt der Berater doch neben der Ratsuchenden und bei dem, was sie gesagt hat. Er spricht nicht von seinen eigenen Kopfschmerzen, die er gelegentlich hat, und auch nicht von dem Hausrezept, das in solchen Fällen oft schon geholfen hat (das Frau F. übrigens schon erfolglos ausprobiert hat). Er hält Frau F. das, was sie gesagt hat, noch einmal hin, so daß sie weiter dazu Stellung nehmen kann.
Uns fällt auf, daß Frau F. hauptsächlich auf der Sachebene redet. Nur das „ach" läßt erkennen, daß sich da auf der Gefühlsebene etwas tut. Wenn der Berater nicht bloß Papagei sein will, sollte in seiner Antwort das vorkommen, was er auf der Gefühlsebene gespürt hat. Z. B.:

Frau F.: *Ach, ich habe solche Kopfschmerzen heute!*
Berater: *Offensichtlich geht es Ihnen heute gar nicht gut!*
oder: *Ich merke, daß das eine Qual für Sie ist.*

Jetzt erst hat das Gespräch die Beziehungsebene erreicht. Der Berater hat das ausgesprochen, was ihm Frau F. über ihr Ergehen mitteilen wollte. Er ist mit seiner Seele ganz nahe bei ihr.
Es kommt Rogers darauf an, daß der Ratsuchende den Verlauf des Gesprächs bestimmt. Deshalb nennt Rogers seine Methode „nicht-direktiv". Der Ratsuchende soll sagen können, was ihm wichtig ist. Aber er soll auch nicht mehr sagen müssen, als er im Augenblick preisgeben kann. Der Berater soll ihn durch sein Verstehen ermutigen, sich zu öffnen, ihn aber nicht durch Fragen ausquetschen. Er soll ihn auf seiner Suche nach Lösungswegen begleiten.

Vielleicht ist der Berater dem Ratsuchenden manchmal einen ganz kleinen Schritt voraus, wenn er die Gefühle ausspricht, die er bei seinem Gegenüber gespürt hat. Wenn der andere dann sagen kann „Ja, so ist es!“, dann hat ihm der Berater geholfen, den nächsten Schritt zur Einsicht zu tun. Bestimmt hat er ihm damit mehr geholfen, als wenn er ihm einen Ratschlag gegeben hätte, den der andere nicht nachvollziehen kann.
Es ist zu fragen, warum die nicht-direktive Methode von Rogers von vielen, die eine „biblische“ Seelsorge wollen, so schnell und so nachdrücklich abgelehnt wird. Was nach der Rogers-Methode geschehe, sei viel zu wenig. Die Verkündigung des Evangeliums und der Zuspruch der Vergebung sei hier nicht vorgesehen.
Es wäre gut, wenn überall, wo Seelsorge betrieben wird, nicht weniger Mühe als in der Rogers-Methode aufgewendet würde, den Ratsuchenden zu verstehen und sich auf ihn einzulassen. Die Kritiker müssen sich fragen lassen, ob sie sich nicht im tiefsten Grunde dagegen wehren, so weit zu dem anderen hinzugehen und so viele Wege mit ihm zu gehen, wie er nötig hat.[1] Tatsächlich geht die Rogers-Methode nicht am Evangelium vorbei, sondern leitet an, wirklich hinzugehen zu den Menschen.

Es ist eine Hilfe, wenn wir in den Besuchsdienstgruppen das Spiegeln nach Rogers intensiv üben, damit uns das Hinhören und das verstehende Antworten allmählich in Fleisch und Blut übergeht. Dazu zwei Anregungen:

- Ein Mitarbeiter berichtet von einem Gespräch, das er geführt hat. Er gibt einige Sätze des Besuchten in wörtlicher Rede wieder. Alle beraten nun miteinander, durch welche spiegelnden Antworten Verstehen und Anteilnahme ausgedrückt werden könnten.
- Zwei Mitarbeiter setzen sich in die Mitte des Kreises. Einer erzählt von einem Besuch und wie es ihm dabei erging. Der andere versucht, spiegelnd zu antworten und dabei zu zeigen, was er vom Erleben des Erzählers verstanden hat. Entweder der Erzähler bestätigt oder korrigiert unmittelbar. Oder nach einigen Minuten sagen die Zuhörer im Kreis, was sie auch so bzw. was sie anders empfunden haben.

Nach dem oben Gesagten dürfte andererseits auch klar geworden sein, daß die Ecke des Beziehungsdreiecks, in der ich bin, nach Rogers kein Gewicht

1 Vgl. Mt 5,41.

erhält. Ich bin als Person kaum zu fassen. Damit erhält die Begegnung etwas Unnatürliches. Natürlich haben auch der Zuspruch der Sündenvergebung und die Verkündigung des Evangeliums an den einzelnen im seelsorgerlichen Gespräch ihren Platz. Beides gerät aber zu einem formalen Akt, wenn die Not des Ratsuchenden zuvor nicht tief genug verstanden wurde.

Die Frage im Gespräch

Nach Rogers ist die Frage für den Berater geradezu verboten. Damit würde der Berater die Initiative ergreifen und das Gespräch auf die Dinge lenken, die ihm selber wichtig sind. Dagegen soll der Ratsuchende ermutigt werden, von dem zu reden, was ihm wichtig ist. Der Berater soll ihn begleiten, aber nicht lenken. In der Tat ist das Fragen ein sehr problematisches Instrument der Gesprächsführung. Wer fragt, dringt in den anderen ein. Fragen sind oft neugierig, und das wird als aufdringlich empfunden. Sie erinnern an ein Verhör bei der Polizei oder an das Abgefragt-werden in der Schule. Beides sind unerfreuliche Situationen, weil der Gefragte bangen muß, ob er antworten kann.

a) Die geschlossene Frage

Viele Fragen sind Informationsfragen und führen das Gespräch auf die Sachebene. Dies gilt besonders für die „geschlossene Frage", die nur eine Antwort zuläßt. Mein Gesprächspartner gibt mit seiner Antwort die Initiative wieder an mich zurück, und ich muß sehen, wie ich das Gespräch am Laufen halte. Das Gespräch wird dann zu einem Ping-Pong-Spiel aus Fragen und Antworten. Ein Beispiel:

Besucher: *Seit wann wohnen Sie denn hier?*
Frau F.: *Seit acht Wochen.*
Besucher: *Und wo kommen Sie her?*
Frau F.: *Ich habe zuletzt in Düsseldorf gewohnt.*
Besucher: *Sind Sie oft umgezogen?*
Frau F.: *Ja, vor allem früher, als wir noch jünger waren.*
Besucher: *Warum sind Sie denn so oft umgezogen?*
Frau F.: *Mein Mann wurde immer wieder versetzt.*
Besucher: *Wohnen Sie allein hier?*
Frau F.: *Ja.*
Besucher: *Lebt Ihr Mann denn nicht mehr?*
Frau F.: *Doch, er lebt noch. Er lebt jetzt mit einer anderen Frau zusammen.*
Besucher: *Und warum sind Sie gerade hierher gekommen nach K.?*
Frau F.: *Ach, wissen Sie, ich bin hier aufgewachsen.*

Besucher:	*Ist das nicht schön, wenn man im Alter an den Ort zurückkehren kann, wo man seine Kindheit verbracht hat?*
Frau F.:	*Nun ja, sicher!*

Der Besucher allein bestimmt hier den Verlauf des Gesprächs. Frau F. bekommt keine Gelegenheit, auf die Punkte einzugehen oder bei ihnen zu verweilen, die ihr wichtig sind. Das Gespräch hastet von Information zu Information, ohne zu ergründen, was die Informationen bedeuten. Gerade weil so sehr nach Informationen gefragt wird, kommt es zu keinem Verstehen.

Im Besuchsdienst ist die Gefahr, daß die Initiative des Gesprächs am Besucher hängenbleibt, besonders groß. In der Beratungssituation ist der Ratsuchende ja gekommen, weil er mit dem Berater reden möchte. Er ist also motiviert zu sagen, was ihm wichtig ist. Beim Besuchsdienst kommen wir. Wenn es uns nicht gelingt, möglichst schon am Anfang des Gesprächs die Initiative abzugeben, wird es sehr wahrscheinlich zu keiner wirklichen Begegnung kommen. Aus dem Grund sollten wir uns vor den „geschlossenen" Fragen hüten.

b) Die Warum-Frage

Besondere Schwierigkeiten bringt die „Warum"-Frage mit sich. Sie stellt den Gefragten vor die Notwendigkeit, Motive für sein Handeln zu nennen und sich zu rechtfertigen. Oft sind ihm aber seine Motive selber nicht klar, oder er will sie vor einem anderen nicht ausbreiten. Viele Warum-Fragen enthalten direkt oder indirekt einen Vorwurf, z.B. „Warum hast du nicht besser aufgepaßt?". Diese Frage ist so gestellt, daß ich gar nicht darauf antworten kann. Es ist eine Frage, die mir meine Ungeschicklichkeit, meine Mangelhaftigkeit unter die Nase reibt.

c) Die Suggestivfrage

Ähnlich problematisch sind Suggestivfragen. Dazu gehört die letzte Frage, die unser Besucher im vorigen Beispiel stellt. Suggestivfragen unterstellen etwas. Entweder der Gefragte hat die Kraft zu widersprechen, wenn er anderer Ansicht ist. Dann muß er nun seine Position beziehen und eventuell etwas preisgeben, was er gar nicht wollte. Oder er weicht aus, wie das in unserem Beispiel geschieht.

d) Die offene Frage

Hilfreich kann die „offene" Frage sein, gerade darum, weil sie den Gesprächspartner nicht festlegt auf eine konkrete Antwort, sondern ihm die Möglichkeit einräumt, von dem zu sprechen, was ihm wichtig ist.

Besucher: *Sie wohnen nun ja schon seit einigen Wochen hier. Haben Sie sich schon ein wenig eingelebt bei uns?*

Frau F.: *Nun ja, so ganz fremd bin ich ja nicht hier in K. Ich bin hier aufgewachsen.*

Besucher: *Sie sind hier aufgewachsen?*

Frau F.: *Ja, ich bin mit meinen Eltern 1925 hierhergezogen ... Wir wohnten hier, bis ich dann geheiratet habe. Mit meinem Mann bin ich viel herumgekommen. Der wurde immer wieder versetzt.*

Besucher: *Wie erleben Sie das, daß Sie jetzt wieder hier sind?*

Solche offenen Fragen können sehr anteilnehmend sein und dadurch eine vertrauensvolle Atmosphäre fördern. Es gibt aber auch eine teilnahmsvolle Zudringlichkeit, die in der letzten Frage spürbar wird.
Mit Fragen treiben wir unsere Gesprächspartner leicht in eine Abwehrhaltung hinein. Sie müssen sich wehren gegen die Zudringlichkeit des Fragers. Wenn sich in einer Begegnung erst einmal die Konstellation von Zudringlichkeit auf der einen und Abwehr auf der anderen Seite eingestellt hat, wird es zu keinem offenen, vertrauensvollen Gespräch mehr kommen.
In einigen seltenen Fällen kann eine Frage eine Hilfe sein und einem Menschen die Schwelle niedriger machen, von einer Sache zu reden, die er selbst nicht auszusprechen wagt. Sie kann auch anteilnehmend sein oder Betroffenheit ausdrücken. Aber im allgemeinen sind Fragen ein problematisches Instrument der Gesprächsführung.
Es wäre unnatürlich, wenn wir Fragen im Gespräch völlig vermeiden würden. Aber wir sollten uns der Gefahren bewußt sein und sparsam mit ihnen umgehen.

Es wäre eine gute Übung, in der Besuchsdienstgruppe ein Gespräch auf die Fragen hin zu untersuchen:

1. Welche Arten von Fragen kommen wie häufig vor?
2. Was hat den Besucher veranlaßt, die Frage zu stellen?
3. Welche Wirkung hat die Frage im Gespräch?
4. Wird der Gesprächsfaden weitergesponnen oder abgerissen?
5. Auf welcher Gesprächsebene bewegt sich die Frage?

usw.

Leitsätze einer beziehungsfördernden Grundhaltung[2]

Vielleicht ist in den vorigen Abschnitten der Eindruck entstanden, daß es im annehmenden Gespräch vor allem darauf ankäme, eine bestimmte Antworttechnik zu praktizieren. Damit würden wir der Intention der Sache aber bei weitem nicht gerecht. Es geht vielmehr um die Haltung, in der wir den Menschen begegnen. Diese Haltung läßt sich aber nur an unseren Reaktionen üben und überprüfen. Im Folgenden soll sie noch einmal zusammenfassend dargestellt werden.

a. Ich will den anderen so annehmen, wie er ist.
Dieser Satz erinnert uns an die Haltung Jesu, der die Menschen, gerade die Sünder und Zöllner, so annahm, wie sie waren. Er ging in das Haus des Levi und des Zachäus und setzte sich mit ihnen an einen Tisch, ohne Vorbedingungen zu stellen.

b. Ich nehme die spezielle Eigenart meines Gegenübers wahr.
Das ist der nächste Schritt, der vom äußeren zum inneren Hingehen hinführt. Ich öffne alle meine Sinne, um so intensiv wie möglich wahrzunehmen, wer und wie der andere ist. Er ist eine Persönlichkeit und hat seine eigene Art, sich zu bewegen, zu reden usw. Die andern sind selten so, wie ich sie gern hätte. Wenn ich sie dennoch annehmen will, muß ich sie leiden lernen.

c. Ich hole den anderen da ab, wo er ist, und bin bereit, ein Stück seines Wegs mit ihm zu gehen.
Das heißt, ich gehe auf ihn ein, auf seine momentane Lage, auf seine Gedanken, auf seine Erlebnisse und Gefühle. Er muß sein Leben selber verantworten und seinen Weg selber gehen. Ich habe kein Recht, ihm die Richtung zu diktieren. Wenn er will, werde ich mitfühlen und mitdenken und ihm so bei der Verarbeitung dessen, was war, und bei der Suche nach Orientierung begleiten.

d. Ich beurteile ihn nicht nach meinen Maßstäben.
Die Menschen, die ich besuche, kleiden sich anders als ich, richten ihre Wohnung anders ein und haben andere Vorstellungen, z. B. von Ordnung und Sauberkeit. Ihnen hier ihre eigenen Lebensmaßstäbe zuzubilligen, mag noch angehen. Aber wie begegne ich dem Familienvater, der mit seiner Geliebten zusammenlebt, und den vielen, denen Ausschlafen am Sonntagmorgen wichtiger ist als der Gottesdienst, die seichte Romane lesen, aber

2 In Anlehnung an Helmut Harsch, Theorie und Praxis des beratenden Gesprächs, München 1973, S.77f.

nicht die Bibel? Wenn ich in einer urteilenden Haltung komme, werden sie sich verschließen, und es wird kein wirkliches Gespräch geben.

e. Ich versuche, den anderen aus seiner Lebensgeschichte und aus seiner Umwelt heraus zu verstehen.
Er ist so geworden, wie er ist. Was wäre aus mir geworden an seiner Stelle? Wer gibt mir das Recht, sein Richter zu sein? Nach einem indianischen Sprichwort darf nur der über einen anderen urteilen, der einen Tag lang in seinen Mokassins ging. Ich kann nicht in seinen Stiefeln gehen und nicht in seine Haut schlüpfen. Aber ich will versuchen zuzuhören, um zu ahnen, wie es ihm erging auf seinen Wegen. Ich möchte lernen, was an der Meinung des anderen wahr und inwiefern sein Verhalten sein Suchen nach Lebensglück ist.

f. Ich befrage und prüfe die Gefühle, die der andere in mir auslöst.
Ich will mich nicht einfach wegtragen lassen von meiner Zu- oder Abneigung. Die Sympathie könnte auf der Gleichheit des Temperaments und der Einstellungen beruhen. Ich will aber nicht nur die akzeptieren, die so sind wie ich. Das wäre engstirnige Egozentrik. Die Spannung, die ich spüre, könnte daher rühren, daß der andere eine meiner Schattenseiten erkannt hat oder etwas lebt, das mir fehlt. Ich will meine Gefühle spüren, aber nicht einfach in ihnen reagieren. Nur dann kann ich verstehen und hilfreich reagieren.

g. Ich mache dem anderen das Angebot von Nähe und persönlicher Begegnung.
Viel mehr als in Glaubenslehren und Informationen, die ich bringen könnte, kommt hier mein Anliegen zum Tragen. Ich versuche, Beziehung zu ihm aufzunehmen und es ihm so zu erleichtern, Beziehung zu mir aufzunehmen. Damit gebe ich etwas von der Beziehung weiter, die Gott mir geschenkt hat. Dieses Angebot wird konkret in meinen Antworten. Darin zeige ich dem Besuchten, wie sehr ich mich bemühe, ihn zu erreichen.

h. Ich verzichte also darauf, zu argumentieren und zu diskutieren.
Es kommt mir nicht darauf an, ihn von einer Lehre zu überzeugen oder ihm seine Lebenstheorien aus der Hand zu schlagen. Indem ich hingehe und auf ihn eingehe, will ich Zeuge sein dafür, daß Gott zu uns kam. Unsere Theorien sind oft Mauern, die wir aufbauen, um uns voneinander abzugrenzen. Ich will mich aber nicht hinter einer Lehre vor ihm verstecken und will ihn nicht nötigen, sich durch Argumente abzuschirmen.

i. Ich orientiere mich an dem, was der andere braucht.
In den seltensten Fällen weiß ich besser als er, was er braucht. Ich lasse

mich also auf das ein, was ihm jetzt wichtig ist. Ich bin auch bereit, Wege mitzugehen, die aus meiner Sicht Umwege sind, wenn er diese Wege gehen muß. Seine Themen sollen besprochen werden. Ich halte sie nicht für Lappalien. Ihm sind sie wichtig. Ich werde dem anderen nicht die Dinge einreden, die mir wertvoll und heilig sind, auch nicht meinen Glauben und unseren Gottesdienst. Wenn er gemerkt hat, daß er sie braucht, wird er danach fragen.

j. Ich enthalte mich dem anderen nicht vor.
Ich versuche, so aufrichtig und so ehrlich zu sein wie möglich. Ich verweigere nicht meine Nähe und verberge sie nicht hinter Theorien. Aber ich verberge auch nicht, daß ich Christ bin. Wo es angebracht ist, werde ich erklären, was das für mich bedeutet, so gut ich kann. Christsein heißt für mich auch, Fragen haben und angefochten sein. Auch dies brauche ich nicht zu verbergen.

k. Ich sehe im anderen einen Gesprächspartner und nicht ein Missionsobjekt.
Mission im Sinne Jesu kann den anderen nie zum Objekt machen. Ein Objekt wird bearbeitet und behandelt. Zu einem Partner kann ich Beziehungen aufnehmen. Es war die Mission Jesu, die abgerissenen Beziehungen der Menschen zu Gott wiederanzuknüpfen. Unsere Mission kann nicht anders sein. Ich werde den anderen also nicht bearbeiten und nicht manipulieren. Ich werde ihn nicht als unmündig ansehen, weil er nicht oder anders glaubt als ich. Ich werde mich ihm als Partner aussetzen.

6.

Beziehungsmuster

Der Lehrer auf dem Katheder

Herr K. ist Lehrer. Seit einem Vierteljahr unterrichtet er an einer neuen Schule. Als er eines Morgens ins Lehrerzimmer kommt, trifft er den Kollegen L., der seit Jahr und Tag an dieser Schule ist. Es ergibt sich folgendes Gespräch:

L.: *Na, guten Morgen, Herr K., wie gefällt es Ihnen bei uns? Das ist hier schon ein besonderer Laden, nicht?*
K.: *Ach, im Grunde wie andere Schulen auch, halt ein bißchen größer.*
L.: *Und wie geht's in meiner 9a?*
K.: *Das ist in der Tat eine schwierige Klasse. Die gehen mir manchmal ganz schön auf die Nerven. Ein Rezept habe ich für die noch nicht gefunden.*
L.: *Ja, mit denen muß man Schlitten fahren. Ich werde mit den Burschen einmal reden.*

K., der in guter Laune das Schulhaus betreten hatte, war für den Rest des Vormittags verstimmt, fühlte sich niedergeschlagen und gereizt. Warum hatte sich seine Stimmung so plötzlich verändert? Es wird Herrn K. bald klar, daß er sich über dieses Gespräch geärgert hat. Aber warum nur? Der Kollege L. war doch sehr freundlich ...
Nur eines stört Herrn K.: Herr L. hat etwas von oben herunter geredet. Schon die Begrüßung klang so herablassend jovial. Herr L. ist der Meinung, seine Schule sei ein besonderer Laden. Aber Herr K. verneint das. Nun führt L. die 9a an, und damit hat er Erfolg. Das ist in der Tat eine schwierige Klasse. Als K. seine Probleme durchblicken läßt, macht sich L. ungebeten zu seinem Fürsprecher. Er präsentiert sich als der erfahrene Kollege, der weiß, wie man mit diesen „Burschen" „Schlitten fährt". K. sieht sich auf einmal in der Rolle des kleinen, hilflosen Anfängers, der einen anderen Kollegen nötig hat, damit er mit

einer etwas unruhigen Klasse zurechtkommt. Hat ihm L. diese Rollenverteilung nicht schon im ersten Satz angeboten: „Ich bin der erfahrene Kollege, der sich hier in diesem ‚Laden' auskennt, während Sie hier sicher nicht durchblicken." So hört es K. zwischen den Zeilen.

In den Klassenzimmern sind die Katheder längst abgebaut, aber nicht in den Seelen aller Lehrer. Herr L. hat es sich angewöhnt, von einem solchen unsichtbaren Katheder herab zu sprechen, nicht nur zu seinen Schülern, auch zu anderen Leuten. Das ist sein Muster geworden, nach dem er Beziehungen gestaltet. Man könnte dieses Beziehungsmuster an einer einfachen Graphik veranschaulichen: Herr L. redet als Lehrer zu Schülern, als Älterer zu Jüngeren, in jedem Fall aber von oben nach unten.

Über einen Kollegen, der es nötig hat, sich so aufzuführen, könnte man ja auch amüsiert lächeln. Aber K. fühlt sich gereizt und gleichzeitig niedergeschlagen, als ob man ihm einen Teil seiner Kraft genommen hätte. Das Verhalten von L. muß ihn irgendwo an einer schwachen Stelle getroffen haben. Schließlich fällt es ihm ein: „Das ist wieder so, wie früher neben meinem Vater. Der hat mich auch immer bevormundet und mich nicht meine eigenen Wege gehen lassen. Er hat mir immer meine Ungeschicklichkeiten vorgehalten und mich als den kleinen dummen Jungen hingestellt, damit sein Können um so besser herauskam. Das hat mich oft entmutigt. Das Selbstbewußtsein, daß ich auch etwas kann, mußte ich ihm abtrotzen. In dieses Beziehungsmuster will mich L. hineinschubsen. Aber ich werde mich dagegen wehren!"

Groß sein – klein sein – erwachsen sein[1]

Herr K. trägt anscheinend immer noch den kleinen Jungen in sich herum, der an sich selber zweifelt, weil er zuviel kritisiert wurde, und der sich sein

1 Vgl. zum Folgenden: Eric Berne, Spiele der Erwachsenen, Hamburg 1967. Diesem Buch sind auch die folgenden Graphiken entnommen.

Selbstbewußtsein mühsam erkämpfen mußte. Das ist nicht nur eine Erinnerung, sondern ein Zustand, in den er geraten kann. Dann fühlt er sich wieder so entmutigt wie damals und reagiert wieder so aggressiv wie als kleiner Junge.
Gleichzeitig ist Herr K. selber Lehrer. Er hat Verantwortung für Menschen, die jünger sind als er. Er versucht, ihnen Wissen, Verhaltensweisen und Lebensorientierung zu vermitteln. Damit nimmt Herr K. einen Teil der Elternfunktion wahr. Er ist dann ein Stück weit ein Vater für diese Kinder. Auch diese Möglichkeit liegt in seiner Person beschlossen, auch so kann er sein.
Schließlich hat Herr K. seine Frau und seine Freunde. Ihnen gegenüber verhält er sich nicht wie ein Kind, das betreut werden muß, auch nicht wie ein Vater, der sie betreuen oder erziehen will, sondern wie ein erwachsener Mensch unter erwachsenen Menschen, also partnerschaftlich.
Dies sind Zustände, in denen sich Herr K. befinden kann, aus denen heraus er reden und handeln kann. Sein Ich kann in diese Zustände geraten. Wir sprechen daher von Ich-Zuständen.
Veranschaulichen wir uns das wieder an einer Graphik. Die drei Kreise im Inneren bedeuten die drei Ich-Zustände, die wir kennengelernt haben. Die äußere Linie, die alles umschließt, besagt, daß alle drei Zustände von Herrn K's Persönlichkeit eingeschlossen werden. Einer der Kreise ist ausgefüllt, d.h. daß sich Herr K. im Augenblick in diesem Zustand befindet, so redet, sich so verhält und so fühlt. Dieses Bild gilt natürlich nicht nur für Herrn K., sondern für jeden von uns.

Wir haben am Eingangsbeispiel gesehen, daß Herrn K. die Position als „Kind" keineswegs behagte. Er fühlte sich nicht ernst genommen, sondern „klein-gehalten".
Es ist in der Tat problematisch, wenn ein erwachsener Mensch nicht aus der Position des Erwachsenen handeln will oder darf. Wenn ein Mensch in eine Lebenskrise gerät und sich in sein Kind-Ich zurückzieht, dann bedeutet das, daß er nicht die Verantwortung für sich übernehmen will und hofft und erwartet, daß andere kommen und die Probleme für ihn lösen, so wie das in der frühen Kindheit die Eltern getan haben. Andererseits können wir sehr offen sein und schöpferisch spielen, wenn wir gelegentlich wieder sein können wie ein Kind. So können gerade vom Kind-Ich Impulse zur Bewältigung von Krisen ausgehen. Das Dasein als Kind hat eine sehr schöne, lichte Seite. Dazu gehören: offen und neugierig sein, vertrauen und sich beschenken lassen können, phantasievoll leben, lachen und weinen können. Es hat aber auch eine Schattenseite: hilflos, verzagt und ungeduldig sein, keine Verantwortung tragen können, auf Kosten anderer leben usw.
Wir brauchen diesen Teil unserer Persönlichkeit, um nach vorwärts gerichtet

leben zu können, ihm ist das Reich Gottes verheißen.[2] Aber wenn wir seine Schattenseite leben, werden wir gerade daran gehindert, und wir bleiben und sterben vielleicht sogar im Warteraum der Zukunft.
Ähnlich verhält es sich mit dem Eltern-Ich. Etwas von seiner Schattenseite haben wir schon an Herrn L. entdeckt. Er gibt sich kompetenter, als er ist. Seine Beziehungspartner will er kleinmachen; er „behandelt“ sie. Im Eltern-Ich meinen wir, die Spielregeln des Lebens zu kennen, und funktionieren in ihnen. Aber wir sind nicht offen für Neues. Andererseits können wir hier Verantwortung übernehmen und anderen Menschen ins Leben hineinhelfen. Ein mütterlicher oder väterlicher Mensch muß einen anderen nicht unbedingt kleinhalten wollen, sondern kann ihn anleiten, erwachsen zu werden. Auch diesen Teil unserer Persönlichkeit brauchen wir, um selber verantwortlich zu leben und um andere ins Leben hineinzugeleiten.

Beziehungsmuster erkennen

Was wir als Ich-Zustände bezeichnet haben, kommt für sich allein überhaupt nicht vor. Gleich, ob wir nun vom Eltern-, Erwachsenen- oder Kind-Ich aus handeln, wir brauchen einen anderen Menschen, dem gegenüber wir so auftreten können. Damit Herr L. der väterliche Lehrer sein kann, muß Herr K. die Position des Schüler-Sohnes einnehmen. Wenn Herr K. der erwachsene Gesprächspartner sein will, dann muß auch Herr L. aus der Position des Erwachsenen-Ich heraus Kontakt aufnehmen, sonst kann aus der Partnerschaft nichts werden.
Es wäre zu erwarten, daß erwachsene Menschen in der Regel als Erwachsene miteinander verkehren. In einer Ehe wird dann der eine nicht über den anderen bestimmen, ihn auch nicht betreuen, sondern bereit sein, die Verantwortung zu teilen und Kompromisse einzugehen. Auch wenn ein Ehepartner z.B. in ein seelisches Tief gerät und sich vom anderen in den Arm nehmen und trösten läßt, muß dies nicht zum Muster werden, nach dem die Beziehung aufgebaut ist.
Aber auch wenn dies so wäre, wenn ein Partner sich wie ein Kind und der andere sich wie ein Elternteil verhielte, würde es zu keiner akuten Beziehungskrise kommen, solange der andere bereit ist, die dazu passende Rolle zu spielen. Erst wenn einer, wie Herr K. in unserem Eingangsbeispiel, sagt: „Aber ich werde mich dagegen wehren!“, wird ein Konflikt ausbrechen.

2 Vgl. Lk 18,15-17 par.

Herr H: *Schatz, gib mir doch bitte das Hemd, das ich heute anziehen soll!*

Frau H: *Such dir deine Klamotten selber. Du bist ja schließlich kein Kind mehr!*

In einem Beziehungsmuster, das konfliktfrei funktionieren soll, muß also die Art der Beziehung, die der eine anbietet, vom anderen akzeptiert werden. Die Beziehungserwartungen laufen dann parallel zueinander. Wenn der eine dem anderen die Beziehung „Kind – Eltern" anbietet, der andere aber auf der Erwachsenen-Position beharrt und den anderen als Erwachsenen anspricht, überkreuzen sich die Beziehungserwartungen, und es kommt zum Konflikt, jedenfalls wenn die Beziehung unvermeidlich ist. Wenn die Frage noch offen ist, ob die beiden eine Beziehung eingehen wollen, wird der Kontakt wahrscheinlich bald abgebrochen, weil die beiden nicht miteinander zurechtkommen.

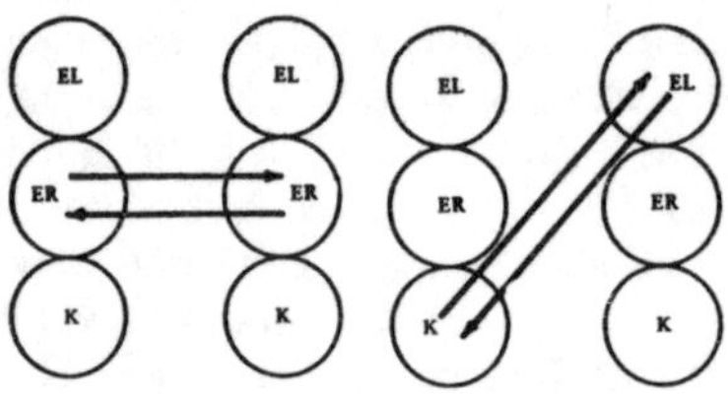

PARALLELE BEZIEHUNGSERWARTUNGEN

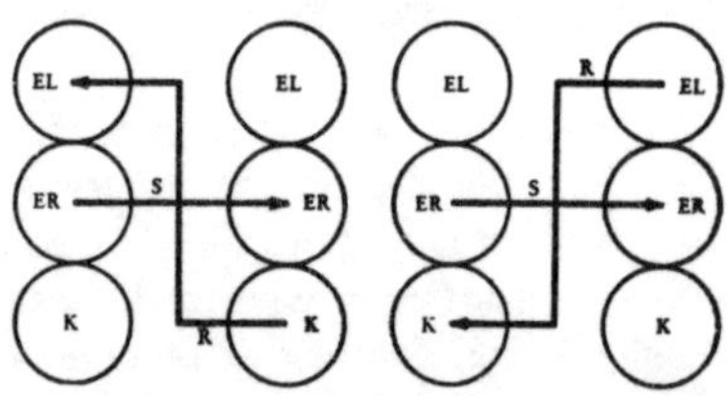

GEKREUZTE BEZIEHUNGSERWARTUNGEN

Es gibt eine Reihe von Berufen, die das Beziehungsmuster „Kind – Eltern" besonders nahelegen. Dazu gehören z. B. der Lehrer, der Pfarrer, aber auch alle helfenden Berufe wie z. B. der Arzt und die Pflegeberufe. Menschen, die sich stark mit diesen Berufsrollen identifizieren, stehen immer in der Gefahr, den anderen als erwachsene Person nicht ganz ernst zu nehmen. Sie neigen dazu, wie Herr L., auch dort aus der Eltern-Position zu reden und zu handeln, wo dies selbst von den äußeren Voraussetzungen her nicht angebracht ist. Es gelingt Herrn L. z. B. nicht, eine partnerschaftliche Beziehung zu einem jüngeren Kollegen aufzunehmen, der zudem auch noch zugibt, Schwierigkeiten zu haben. Er muß ihn sofort betreuen.

Es würde Herrn L. äußerst schwer fallen, in einer Gruppe von Lehrern mitzuarbeiten, die sich gegenseitig in methodischen und pädagogischen Fragen beraten. Herr L. gibt sich selber gern als der, der „den Laden kennt" und weiß, wie man „mit diesen Burschen Schlitten fährt". Das ist die Position des Eltern-Ich. Die müßte Herr L. aber verlassen, wenn es zu einer wirklichen gegenseitigen Beratung kommen sollte. Wenn mehrere Kollegen wie Herr L. in einer solchen Lehrergruppe wären, dann würden sie sich gegenseitig von ihren Erfolgen berichten, davon, wie sie mit den Klassen „Schlitten fahren". Jetzt wären alle auf der Position des Eltern-Ich. (Auch hier ist die Beziehung konfliktfrei, weil die Beziehungserwartungen parallel verlaufen.) Sie würden sich gegenseitig bestätigen. Sie würden aus der Position der Lehrer über die Schüler und aus der Position der Erfahrenen über die unerfahrenen jungen Kollegen reden. Nur wirklich miteinander lernen könnten sie nicht.

Natürlich ist das keine spezielle Lehrerkrankheit. So reden Ärzte untereinander, diese Atmosphäre herrscht gelegentlich, wenn Pfarrer miteinander palavern, und diese Einstellung erschwert es auch Besuchsdienstmitarbeitern, anderen wirklicher Gesprächspartner zu sein und in der Gruppe miteinander zu lernen, vor allem wenn sie schon zu einer gewissen Routine gefunden haben. Deshalb wurde dieser Sachverhalt hier so ausführlich dargestellt.

Beziehungsspiele im Besuchsdienst

Vielleicht ist in dem Beispiel der Lehrer-Gruppe spürbar geworden, daß sich da etwas Unechtes in die Beziehungen untereinander eingeschlichen hat. Auch die Beziehung, die Herr L. Herrn K. anbietet, ist unecht: Herr K. ist nicht der hilflose Kollege, der Unterstützung braucht und Herr L. nicht der erfahrene Lehrer, der jederzeit mit seinen Klassen „Schlitten fahren" kann. Hier soll etwas arrangiert und vorgetäuscht werden, vielleicht um die Wirklichkeit dahinter zu verbergen.

Für solche unechten Beziehungen hat sich das Wort „Spiel" eingebürgert. Vielleicht sollte man zur Unterscheidung von wirklichen und guten Spielen sagen: Menschen treiben gelegentlich ein „Spielchen" miteinander. In solche unechten Situationen werden wir auch bei unseren Besuchen kommen. Es ist gut, wenn wir sie rechtzeitig durchschauen.

Verdeutlichen wir uns das wieder an einem Beispiel: Pfarrer P. besucht Familie G. und führt dabei mit Herrn G. folgenden Dialog als Ausschnitt aus einem längeren Gespräch:

G.: *Haben Sie mich jemals in der Kirche gesehen, Herr Pfarrer?*

P.: *Ehrlich gesagt: Nein – ich kann mich nicht erinnern.*

G.: *Und doch bin ich kein schlechter Mensch. Glauben Sie mir das?*

P.: *Darüber steht mir kein Urteil zu.*

G.: *Ich will Ihnen mal was erzählen: Meine Schwiegermutter hat ihr Leben lang versucht, meine Ehe kaputtzumachen. Was die meiner Frau Lügen aufgetischt hat! Hat mich in der ganzen Verwandtschaft verleumdet. (Es folgt eine lange Liste von Bosheiten der Schwiegermutter.) Und jetzt mußte sie ins Altersheim. Da hat natürlich ihre Rente nicht gereicht. X Mark schieße ich ihr jeden Monat zu, damit sie da leben kann – und in einem guten Heim! Und nun frage ich Sie, Herr Pfarrer: Ist das nicht ein böses Weib? Und habe ich mich nicht anständig verhalten? Und das, obwohl ich nicht in die Kirche gehe! (Herr G. hat sich während seines Vortrags vom Stuhl erhoben und marschiert gestikulierend vor Herrn P. auf und ab.)*

Offensichtlich hat Herr G. ein schlechtes Gewissen, weil er nie in die Kirche geht. Im Pfarrer sieht er nicht einen Gesprächspartner, sondern einen Richter, der bewertet, ob die Menschen gut oder schlecht sind. Er ist für ihn eine Eltern-Person, vor der er sich rechtfertigen muß. Sich selbst sieht er auf der Anklagebank. Nun setzt er zum großangelegten Plädoyer der Verteidigung an und erhebt sich sogar dazu. Damit versucht er bereits, das Armesünderbänkchen zu verlassen. Nach diesem Spielzug, so meint er, kann der Richter nur zweierlei tun: ihn freisprechen und mit ihm zusammen über die böse Schwiegermutter zu Gericht sitzen. Dann könnte er endgültig die Anklagebank verlassen und auf dem Richterpodium Platz nehmen.
Bei Hausbesuchen werden wir immer wieder zu solchen Gerichtsspielen eingeladen. Gar nicht selten meinen Menschen, die wir besuchen wollen, sie müßten sich verteidigen, weil sie in der Kirche hauptsächlich eine Ordnungs- und Moralanstalt sehen, deren Forderungen sie nicht entsprechen. Manchmal schlüpfen sie in die Rolle des Verteidigers, oft aber scheint auch hier der Angriff die beste Verteidigung zu sein. Dann erheben sie Anklage gegen die Kirche im Allgemeinen, die das Geld veruntreue, gegen den Pfarrer, der an einem ganz entscheidenden Punkt versagt habe oder gegen einen frommen Menschen, der jeden Sonntag in die Kirche renne, aber …
Jeder kirchliche Mitarbeiter, der in eine solche Gerichtsszene hineingezogen wird, fühlt sich arg in der Klemme. Er spürt, daß er manipuliert wird, weiß aber nicht, wie er sich befreien soll. Dem Ankläger recht geben will er nicht. Gegenargumente vortragen kann er oft nicht, weil er den „Fall" nicht kennt. Er wird so lange unter Druck bleiben, wie er eine der Rollen spielt, die in diesem Spiel möglich sind, z. B.:

Richter: *Sie sind ein guter Mensch.*
Verteidiger: *Ihre Schwiegermutter hat im Krieg viel mitmachen müssen. Da wird man bitter. Ich beantrage mildernde Umstände!*
Ankläger: *Daß Sie Ihrer Schwiegermutter Gutes tun, heißt ja nicht, daß Sie deshalb nicht zum Gottesdienst zu gehen brauchen.*

Die einzig sinnvolle Lösung ist, das ganze Spiel nicht mitzuspielen, also keine der Rollen anzunehmen, die alle vom Eltern-Ich gespielt werden, sondern auf der Position des Erwachsenen-Ich zu bleiben und zu verstehen suchen, was den anderen bewegt. Herr P. könnte z. B. fortfahren:

P.: *Sie brauchen sich vor mir nicht zu rechtfertigen. Was Ihre Schwiegermutter angeht, so spüre ich, daß Sie das sehr verletzt haben muß, wie sie sich Ihnen gegenüber verhalten hat.*

Eine Variante des Gerichtsspiels heißt: „Nu hab ich dich erwischt!"
Hier werden wir z. B. gleich an der Haustür mit einem Satz empfangen wie:

X.: *So, kommt von euch auch einmal jemand!*

Dieser Satz und was dann folgt befördert uns unmittelbar auf die Anklagebank. Die Verteidigung wird schwierig werden, denn das Urteil ist bereits unterzeichnet.
Frauen spielen ganz gern: „Wie strickt man das?" Je ernster dieses Spiel genommen wird, desto mehr begeben sich die beteiligten Damen in die Rolle der Expertinnen, von denen eine immer besser weiß als die andere, wie man etwas schneidert oder kocht. Die Männer spielen einstweilen „Wie läuft Ihr neuer Diesel?", ein Spiel, bei dem sich jeder als Experte im Automobilbau profilieren kann. Bei einem Spiel für jüngere Frauen stehen die Männer immer etwas hilflos dabei: „Bei meiner letzten Schwangerschaft ..."

Es macht Spaß, in der Besuchsdienstgruppe einmal solche Erfahrungen durchzugehen, nach Spielen zu suchen und ihnen Namen zu geben. Wenn Sie erst einmal ein Gespür dafür entwickelt haben, werden Sie bald eine Menge Spiele entdecken.

Charakteristisch ist immer, daß die Beziehungen nicht vom Erwachsenen-Ich ausgehen und etwas Unechtes an sich haben. Es ist zu vermuten, daß die Unzufriedenheit unter Besuchern über Gespräche, in denen „über alles Mögliche" geredet wurde, nicht in erster Linie von den Themen herrührt, sondern daher, daß gespielt wurde und es zu keiner echten Begegnung kam.

Nach welchen Mustern gestalten wir unsere Beziehungen?

Wir haben bisher besonders vor der Gefahr gewarnt, sich selber auf die Eltern-Position zu begeben. Es gibt aber auch Besucher, die dazu neigen, sich von vornherein auf die Kind-Ich-Position zu begeben. Frau M. stellt sich z. B. an einer Haustür folgendermaßen vor:

M.: *Entschuldigen Sie bitte die Störung. Ich möchte Ihren verdienten Feierabend auch nur ganz kurz in Anspruch nehmen.*

Frau M. flüchtet sich in diese Demutshaltung aus Unsicherheit und in der Hoffnung, jeder möglichen Unmutsäußerung im voraus auszuweichen. Sie füllt damit die Rolle als Gesprächspartnerin von vornherein nicht aus, sondern „meldet sich krank". Vielleicht trifft sie Menschen, die bereit sind, ihr die erhoffte elterliche Zuwendung zu schenken und zu sagen: „Nein, mein Kind, du störst nicht. Du darfst hereinkommen." Sie wird aber oft auch auf Menschen stoßen, die mit Sadismus und Aggression auf ihre Entschuldigung reagieren. Die unbewußten Reaktionen, die dann ablaufen, könnte man vielleicht mit den Worten verdeutlichen: „Das Kind entschuldigt sich. Also ist es schuldig, und ich muß es bestrafen."
Wir sind wohl gut beraten, wenn wir grundsätzlich versuchen, auf der Erwachsenen-Ich-Position zu bleiben. So sind wir am ehesten Partner, und so sind die Beziehungen am echtesten. Die Fälle, in denen eine hilflose Person unsere mütterliche oder väterliche Zuwendung braucht, sind selten. Wer als Lehrer oder Besserwisser auftritt, findet selten Freunde. Wir müssen uns für unseren Besuch auch nicht entschuldigen. Damit werten wir ihn ja selber ab.
Durch die Art und Weise, wie wir auf einen Beitrag unseres Gesprächspartners reagieren, bieten wir ihm, oft ohne es zu merken, ein Beziehungsmuster an. Es ist daher sinnvoll, wenn wir uns in diesem Zusammenhang die verschiedenen Reaktionsweisen etwas bewußter machen.

Wie können wir reagieren? Die „WISSE"-Regel[3]

Man hat versucht, die Reaktionen auf einen Gesprächsbeitrag bestimmten Grundhaltungen zuzuordnen, die ich einnehmen kann, wenn ich antworte. Mit Hilfe der Anfangsbuchstaben der Stichwörter hat man sich eine Eselsbrücke gebaut und spricht daher von der „WISSE"-Regel:

W wertend

Frau F.: *Manchmal habe ich schon gedacht, ich sollte vielleicht doch ins Altersheim gehen.*

Berater: *Das ist eine sehr vernünftige Überlegung!*

Wenn ich etwas bewerte, was mir erzählt wird, begebe ich mich in die Rolle des Vaters, des Lehrers oder Richters. Ich sage, was mir richtig oder falsch, klug

3 Siehe Howard J. Clinebell, Modelle beratender Seelsorge, München/Mainz 1971.

oder dumm usw. erscheint. Auf indirektem Wege teile ich dadurch auch mit, in welcher Richtung eventuelle Lösungen für ein Problem zu suchen sind. Ich erscheine dann vielleicht als kompetent. Aber der andere kann sich nicht mehr unbefangen äußern. Wenn er etwas sagen möchte, von dem er vermutet, daß ich es nicht gut finde, wird er vielleicht Angst bekommen, mein Wohlwollen zu verlieren, eine schlechte Note zu erhalten oder verurteilt zu werden. Er kann auch nicht mehr unbefangen Lösungswege suchen, die ihm angemessen sind, sondern steht unter einem gewissen Druck, es mir recht zu machen.

I interpretierend

Frau F.: *Ich weiß nicht, ob ich mich noch eingewöhnen könnte in so einem Altersheim.*

Berater: In Ihrem Alter können Sie sich einfach nicht mehr vorstellen, wie es ist in einer neuen Umgebung. Das ist typisch für die seelische Verfassung älterer Menschen.

Ich deute das, was mir erzählt wird, aus meiner theologischen oder psychologischen Einsicht. Damit versuche ich, dem anderen eine bestimmte Sicht der Dinge zu vermitteln. Dies soll ihm helfen, sich zu ändern. Es besteht die Gefahr, daß der andere zu dieser Einsicht noch gar nicht reif ist. Wiederum erscheine ich als der Kompetente, der solche Deutungen geben kann, und befinde mich damit auf der Position des Eltern-Ich. Der Ratsuchende wird dadurch gehindert, selber zu Einsichten zu kommen und sie ernst zu nehmen.

ST stützend

Frau F.: *Ich weiß nicht, ob ich mich noch eingewöhnen könnte in so ein Altersheim.*

Berater: *Das ist am Anfang immer eine Umstellung. Aber ich bin sicher, daß Sie sich bald wohl fühlen würden.*

Hier beginne ich, den anderen ein bißchen zu tragen. Er hat Angst und zögert. Ich versuche, Angst zu mindern und Mut zu machen. Auch hier rede ich wieder vom Eltern-Ich aus. Ich tröste und ermuntere so, wie eine Mutter ihr kleines Kind ermuntert.

Gleichzeitig gebe ich aber zu erkennen, daß ich die Angst des andern und sein Zögern für unbegründet halte. Ob ich mich wirklich schon genug in ihn hineinversetzt habe, um zu verstehen, was ihn so sehr bedrückt? Es wäre wohl besser, über all das zu sprechen, was ihn verunsichert, als dieses ängstliche Gefühl einfach wegzuschieben.

Eine häufige Variante des Stützens ist das Generalisieren:

Frau F.: *Ich weiß nicht, ob ich mich noch eingewöhnen könnte in so einem Altersheim.*

Berater: *Das geht am Anfang allen so! Aber wenn man erst einmal das Haus und die Menschen kennengelernt hat, fühlt man sich doch rasch zu Hause.*

Hier versuche ich, Frau F. etwas von ihrer Angst zu nehmen, indem ich ihr zeige, daß andere dasselbe Problem haben und damit fertig geworden sind. Auch hier stehe ich etwas über Frau F. und nicht auf der Ebene, auf der sie ihre Angst erlebt. Ich rede nicht mehr von ihrer Angst und davon, was sie erlebt, sondern von der Angst allgemein und wie „man" damit fertig wird. Das geht sicher an Frau F. vorbei.

SO sondierend

Frau F.: *Manchmal habe ich schon gedacht, ich sollte vielleicht doch in ein Altersheim gehen.*

Berater: *Es gibt also doch Gründe, die dafür sprechen, in ein Altersheim zu ziehen.*

Manchmal ist es notwendig, mehr zu erfahren von meinem Gegenüber, mehr Fakten, aber auch mehr von seinen Gefühlen, um mir ein Bild von seiner inneren und äußeren Lage machen zu können. Ich versuche, die Dinge „herauszubekommen", die mir besonders wichtig sind. Ich kann direkt danach fragen, ich kann aber auch durch einen Aussagesatz Interesse bekunden.
Bei aller Notwendigkeit hat das Sondieren doch auch seine Schattenseiten: Das Gespräch kommt auf die Dinge, die mir wichtig sind. Das sind nicht unbedingt die, die meinem Gesprächspartner wichtig sind. Das Sondieren erscheint leicht ein wenig neugierig. Wiederum besteht eine gewisse Nähe des Besuchers zur Elternposition: Er lenkt durch geschicktes Fragen.

E einfühlend

Frau F.: *Es ist so schwer, wenn man alt wird! Man fällt halt allen zur Last!*

Berater: *Es geht einfach nicht mehr allein. Und nun sehen Sie, daß Sie anderen Arbeit machen. Ich spüre, wie sehr Sie das bedrückt.*

Hier stelle ich mich bewußt neben meinen Gesprächspartner. Ich will ihn so genau wie möglich verstehen. Ich versuche das, was ich verstanden habe, auszusprechen. Mein Gegenüber hat nun Gelegenheit, sich damit auseinanderzusetzen, denn ich stehe ja nicht mehr über ihm. Er kann mich z.B. korrigieren. Daß sich hier jemand bemüht, mit ihm zu gehen, wird ihm Zuversicht geben. Er merkt: Zu zweit sind wir stärker. Das wird ihn ermutigen, Dinge zu bearbeiten, die ihm bisher Angst machten.

Wiederum wäre es eine gute Übung für die Besuchsdienstgruppe, ein Gespräch, das jemand möglichst wörtlich nacherzählt, daraufhin zu untersuchen, in welcher Weise der Besucher hauptsächlich reagiert. Das hilft jedem der Besucher, sich selber deutlicher wahrzunehmen.

7.

Die Helferrolle

Wir wollen Helfer sein

Es gibt einen wunden Punkt in unserer Arbeit, den wir uns mitsamt seinen Auswirkungen bewußt machen sollten: Wir kommen in der Regel, obwohl uns keiner eingeladen hat. Manchmal werden wir erwartet, ein anderes Mal löst unser Besuch freudige Überraschung aus, aber beim dritten Mal werden wir angesehen wie Hausierer, die etwas verkaufen wollen, das keiner bestellt hat. Wir müssen immer befürchten, ungelegen zu kommen und abgelehnt zu werden. Außerdem tun wir etwas, dessen Erfolg nicht meßbar und oft auch nicht unmittelbar sichtbar ist. Daher ist die Frage, was denn nun herauskommt bei der ganzen Arbeit, unser ständiger Begleiter. Auch wenn wir nicht oft an den Türen abgewiesen werden, müssen wir mit diesen Selbstzweifeln irgendwie fertig werden.

Um so größer ist die Bestätigung, die wir erfahren, wenn wir irgendwo haben helfen können. Damit hat der Besuch für uns einen Wert gehabt. Es ist ein gutes Gefühl, wenn ein Mensch dankbar ist für das, was ich tue. Vielleicht brauchen Besuchsdienstmitarbeiter dieses Gefühl der bestätigenden Dankbarkeit noch ein bißchen mehr als andere Leute. Zu dem beschriebenen Bedürfnis kommt hinzu, daß im Besuchsdienst oft Menschen mitarbeiten, die selber den Wunsch nach menschlicher Nähe mitbringen und damit an dieser Stelle besonders engagiert, aber auch besonders verletzlich sind.

In der Praxis werden dann auch die Besuche am liebsten gemacht, in denen wir als Helfer auftreten können. Alte Menschen, Kranke und solche, die zur Depressivität neigen, sind für unsere Besuche besonders dankbar. Von ihnen werden wir in der Regel freundlich begrüßt, manchmal wollen sie uns gar nicht wieder gehen lassen, und am Ende werden wir mit dem Wunsch verabschiedet, wir möchten doch bald wiederkommen. Wir können helfen, indem wir da

sind, unsere Nähe schenken, zuhören und reden. Das gibt uns das Gefühl, gebraucht zu werden.
Gelegentlich werden wir auch um kleine und größere praktische Dienste gebeten, um einen Gang zur Apotheke oder um ein paar Handgriffe im Haushalt. Auch diese Dienste erledigen wir als Besucher im allgemeinen gern; dann haben wir nicht nur geredet, sondern ganz praktisch mitangepackt, und das ist doch letztlich die effektivere Hilfe. Oder?
Andere Besuche, wie die bei Neuzugezogenen, sind viel weniger beliebt. Dort erscheinen uns unsere Besuche viel fragwürdiger. Die Bestätigungen, die wir erfahren, fallen viel spärlicher aus. Das heißt, daß unser eigenes Bedürfnis nach Dank und Wärme hier oft frustriert wird. Es gibt Besuchsdienstgruppen, die einmal angetreten sind, um sowohl Neuzugezogene als auch Jubilare zu besuchen. Wenn sie nach zwei Jahren Bilanz ziehen, stellen viele von ihnen fest, daß die Besuche bei den sogenannten Randsiedlern, zu denen auch die Neuzugezogenen gehören, eingeschlafen sind. Die Besuche bei den Alten wurden eben immer zuerst gemacht. Als Grund wird genannt, daß diese Besuche durch die Geburtstage termingebunden seien. (Sind das die Besuche bei Neuzugezogenen nicht?) Außerdem komme man bei den jüngeren Familien oft nicht an, da die Leute berufstätig sind. Überhaupt seien die Altenbesuche nötiger, wie die Resonanz ja zeige.
Damit klingt der Wunsch, Helfer zu sein, zwar an. Aber oft scheint verkannt zu werden, welche Rolle unser eigenes Bedürfnis nach Nähe und Bestätigung bei dieser Entwicklung spielt.

Die Schattenseiten der Helferrolle

Frau M. besucht eine 78jährige Dame, die allein in einer 3-Zimmer-Wohnung lebt. Dabei ergibt sich folgender Dialog als Teil eines längeren Gesprächs:

D.: *Stellen Sie sich vor: Vier Zimmer muß ich immer noch putzen jede Woche. Und nun werde ich doch auch schon bald neunundsiebzig. Früher habe ich ja noch die ganze Familie versorgt. Aber jetzt ...*
M.: *Kann Ihnen von Ihren Kindern denn niemand helfen?*
D.: *Na ja, wenn ich drum bitten würde. Mein Sohn wohnt in K. (nicht weit). Aber seine Frau ist ja auch berufstätig. – Also, so lange ich gesund bin, will ich das nicht!*
M.: *Sie sind ja nun schon 78! Sollten Sie da nicht überlegen, ob Sie nicht ins Altersheim ziehen wollen?*
D.: *Ach ja, aber da wird man so unselbständig, wissen Sie! Hier bin ich doch mein eigener Herr.*

M.: *Sie kennen sicher „Essen auf Rädern". Das wäre etwas für Sie. Da kann man sich jeden Tag ...*

D.: *Ja, ja, weiß ich. Aber ich koche ja ganz gerne so ein bißchen. Das macht mir Spaß. Ich will ja auch etwas zu tun haben den Tag über. Nur das Einkaufen: Zum N-Markt ist es doch ein ganzes Stück, und mit den Taschen! Am schlimmsten ist halt die Putzerei.*

M.: *In unserer Gemeinde gibt es die Nachbarschaftshilfe. Ich kenne da Frau S. Die kann ich mal fragen, ob Ihnen nicht ab und zu jemand die größeren Putzarbeiten abnehmen könnte.*

D.: *Ach, das ist sehr lieb von Ihnen. Aber ich möchte doch niemandem zur Last fallen. Ich bin doch kein Sozialfall!*

M.: *Sind Sie auch nicht. Aber warum wollen Sie die Hilfe nicht annehmen, wenn es sie gibt? Ich werde heute abend Frau S. anrufen, damit sie in den nächsten Tagen einmal bei Ihnen vorbeischaut.*

Frau M. war am Ende mit ihrem Besuch zufrieden, weil über ganz konkrete Probleme gesprochen wurde, die für Frau D. in ihrem alltäglichen Leben von erheblicher Bedeutung sind. Lediglich über Frau D. war sie ein wenig ärgerlich, weil diese zwar jammere, aber keine Hilfe annehmen wolle.

Frau D. macht den Eindruck einer äußerst selbstbewußten Frau, die sehr auf ihre Selbständigkeit bedacht ist. Diese Selbständigkeit will sie wahren, deshalb will sie auch nicht ins Altersheim gehen. Aus demselben Grund ist ihr das Angebot der Nachbarschaftshilfe verdächtig. Sie will kein Sozialfall sein, das heißt wohl, sie will sich nicht in Abhängigkeit von irgendwelchen Institutionen begeben. Natürlich will sie auch der Familie ihres Sohnes nicht zur Last fallen.

Für das Verhalten von Frau M. ist typisch, daß sie eine Reihe von Hilfsangeboten macht, über die Frau D. offensichtlich schon längst selber nachgedacht hat und um die Frau D. auch nicht gebeten hatte. Schließlich geht Frau M. so weit, selber die Initiative zu ergreifen und mit der Leiterin der Nachbarschaftshilfe Kontakt aufzunehmen. Sie kündigt an, was sie tun will, ohne daß dieser Schritt genügend besprochen würde und obwohl Frau D. Bedenken hat. Frau D. hat nicht darum gebeten und wäre durchaus selber dazu in der Lage. Frau M. scheint zu wissen, was Frau D. braucht, schließlich ist sie achtundsiebzig Jahre alt, und da braucht der Mensch Betreuung. Frau M. betreibt genau die Art von Entmündigung, gegen die sich Frau D. so sehr wehrt. Heime sind nicht zuletzt deshalb so bedrückend, weil dort über Menschen verfügt und dabei den Betreuten die Fähigkeit abge-

sprochen wird, selber zu entscheiden, was gut für sie ist. Frau D. macht durchaus nicht den Eindruck, als ob sie einen Vormund bräuchte.
Es drängt sich die Frage auf, wer da eigentlich die angebotene Hilfe braucht. Für Frau D. kommen diese Angebote nicht ohne weiteres in Frage. Sie möchte ihre Selbständigkeit erhalten, so lange es geht. Aber die Helferin braucht das Gefühl, gebraucht zu werden. Es wäre für Frau M. ein großes Erfolgserlebnis, wenn sie für Frau D. etwas organisieren könnte. Aber Frau D. sucht im Augenblick keine Betreuer, die ihr die Arbeit aus der Hand nehmen, sondern einen Gesprächspartner, mit dem sie die Zwickmühle durchsprechen kann, in der sie sich befindet: Einerseits wird ihr die Arbeit zu viel, andererseits möchte sie ihre Selbständigkeit nicht aufgeben.
Zwischen dem Helfer und dem Hilfsbedürftigen besteht oft jenes Beziehungsmuster „Eltern-Kind", von dem im vorigen Kapitel die Rede war, d. h. es besteht die Gefahr, daß die Schattenseite dieses Verhältnisses wirksam wird. Die Eltern verstehen, was gut ist, das Kind versteht nichts. Die Eltern haben die Verantwortung und sagen, was gemacht wird. Das Kind hat keine Verantwortung und soll machen, was die Eltern für gut halten usw. Wenn erwachsene Menschen so miteinander umgehen, erhält ihre Beziehung den Geruch des Unechten, der für das Spiel typisch ist. Die wirklichen Interessen werden verdeckt, statt dessen werden andere Interessen vorgeschoben. Der Helfer sagt: „Ich will dir ja nur helfen", aber er handelt dann nach dem Motto: „Du sollst dich meinen Bedürfnissen unterordnen."

Die Gefahren der Helferrolle

a. **Die Gefahr, mehr Hilfe anzubieten, als nötig ist**
Wenn sich meine Hilfsbereitschaft sehr an meinem unbewußten Wunsch orientiert, als Helfer endlich zum Zuge zu kommen, dann neige ich dazu, die wirklichen Bedürfnisse des anderen zu übergehen. Ich sehe ihn hilfloser, als er ist. Ich biete ihm quantitativ mehr Hilfe an, als er nötig hat, enthalte ihm aber die Art von Hilfe vor, die er braucht und akzeptieren kann. Ich nehme ihm Schritte ab, die er selber tun könnte, und damit zugleich die letzte Entscheidung, ob er diese Schritte überhaupt tun will. Denn die Nagelprobe darauf, ob jemand etwas wirklich will, besteht in der Regel darin, daß er selber bereit ist, etwas zu unternehmen, um es in die Tat umzusetzen.

b. **Die Gefahr, den anderen zu entmündigen**
Wenn ich einem andern Schritte abnehme, die er selber tun könnte, entmündige ich ihn damit zugleich. Oft wird eine Entscheidung nicht ausdisku-

tiert, manchmal nicht einmal andiskutiert, denn ich meine zu wissen, was für ihn gut ist. Damit übernehme ich die Verantwortung. Das ist ein süßes Gift, sowohl für mich selber als auch für den Menschen, dem ich helfen will. Mir selber schmeichelt die Verantwortung, aber sie kann schnell zur Last werden, wenn seine Passivität zunimmt. Der andere wird entmündigt, aber es kann auch sehr bequem sein, die Verantwortung und die damit verbundene Arbeit abzugeben. So werden die ewigen Sozialfälle produziert.

c. **Die Gefahr, Macht auszuüben und abhängig zu machen**
Jemand, der so entmündigt wird, wird bald abhängig werden. Er verliert die Kompetenz und die praktischen Fähigkeiten, seine Probleme selber zu lösen, und, was ebenso schlimm ist, das Vertrauen in sich selber. Bei Menschen, die tatsächlich hilfsbedürftig sind und deren Selbstbewußtsein darum oft beschädigt ist, ist diese Gefahr besonders groß. Der andere ist dann auf mich angewiesen. Damit gewinne ich Macht über ihn. Ich werde noch mehr dazu neigen, über ihn zu verfügen. Seinen Widerspruch kann er oft nicht verständlich machen, denn es ist schwer zu begründen, warum man sich wehrt, wenn einem doch geholfen werden soll. Ich tue diesen Widerstand dann vielleicht schnell als Bockigkeit, Undankbarkeit oder Verkalkung ab. Vielleicht versuche ich, diesen Widerstand sogar durch einen gewissen „erzieherischen Nachdruck“ zu brechen. Das Bewußtsein, doch nur helfen zu wollen, gibt mir für vieles ein gutes Gewissen. Zusammen mit dem Streß, unter dem Helfer oft stehen, ist es so z. B. in Heimen schon zu Gewaltausübung gekommen.

d. **Die Gefahr, in Aktionismus auszuweichen**
Wenn ich selber zu wissen meine, was mein Gesprächspartner braucht, verliere ich vielleicht die Geduld, um ihn auf seiner Suche nach Wegen, die für ihn gehbar sind, zu begleiten. Noch bevor er die seelischen Hintergründe seiner Probleme genügend verarbeitet hat, beginne ich, praktische Schritte einzuleiten, um sie vordergründig zu lösen. Ich will endlich Taten sehen, die den Fortschritt sichtbar werden lassen. Etwas Praktisches „machen“ zu können ist für mich sehr viel befriedigender als immer bloß zuzuhören. Dabei kann ich vor der Hilflosigkeit, die ich oft empfinde, wenn jemand sein unabwendbares Schicksal (z. B. das Altern) vor mir ausbreitet, in die Aktion fliehen. Weil ich vor meiner eigenen Unsicherheit fliehen muß, kann ich nicht bei diesem Menschen in seiner Not bleiben. Damit wird das Helfen zu einer Abwehrreaktion.

e. **Die Gefahr, mehr zu scheinen als zu sein**
Wir haben schon gesehen, daß in dem Augenblick, in dem eine Beziehung nach dem Eltern-Kind-Muster gestaltet wird, immer etwas Unechtes ins

Spiel kommt. Die Eltern-Figur hat nur eine scheinbare Größe, und das um so mehr, wenn sie in Wirklichkeit vor ihrer eigenen Hilflosigkeit flieht. Daher besteht für den Besucher die Notwendigkeit, seine eigenen Fähigkeiten und Möglichkeiten zu unterstreichen. Ärzte, die dieser Versuchung des Helfers erliegen, gebärden sich gern als „Halbgötter in Weiß". Als Besuchsdienstmitarbeiter fühle ich mich in derselben Situation dazu eingeladen, mehr zu versprechen, als ich halten kann. Sätze wie „Ich werde dafür sorgen, daß ...", „Darum werde ich mich kümmern!" oder „Das erledige ich gern für Sie. Das macht mir gar nichts aus. Dazu sind wir doch da!" sollten mich sehr mißtrauisch gegenüber mir selber machen.

Wollen wir Partner sein?

Bei weitem die meisten Menschen, die wir besuchen, haben uns nicht als Helfer gerufen. Sie sind in keiner besonderen Notlage, und wenn doch, dann hatten sie nicht vor, sich damit an uns zu wenden. Es wäre ausgesprochen fehl am Platz, wenn wir diese Besuche nach dem Muster „Helfer-Hilfsbedürftiger" gestalten wollten. Dazu gehören in der Regel alle Besuche bei jungen Menschen und bei Neuzugezogenen, also gerade die Besuche, die den meisten Gruppen besonders schwer fallen. Aber auch ältere Menschen wünschen seltener einen Helfer, als wir dies vermuten. Daher stellt sich die Frage, als wer wir denn kommen, wenn nicht als Helfer.
Einige Mitarbeiter lösen dieses Problem nach dem Motto: „Der andere braucht mich als Helfer, er weiß es nur nicht." Ich komme, um ihm das Evangelium zu bringen, und helfe ihm damit, sein Seelenheil zu gewinnen. Ich komme, um ihm die Gemeinschaft unserer Kirche zu bringen, und helfe ihm damit, den Weg in unsere Gemeinde zu finden. Die Frage ist nur, ob er diese Hilfe annehmen kann und will. Wenn der andere das nicht will, wenn er mich als Helfer nicht akzeptieren kann, dann kann keine Beziehung zwischen ihm und mir zustande kommen, denn ich bin auf die Helferrolle fixiert, der andere aber mag keinesfalls den Hilfsbedürftigen spielen.
Wäre es vorstellbar, daß wir uns grundsätzlich gar nicht als Helfer verstehen, sondern als Partner? Für manche Mitarbeiter würden die Besuche dann etwas von ihrer Legitimität verlieren. Sie könnten nicht mehr sagen: „Ich besuche ja schließlich nur, um zu helfen, und das ist ja wohl ein legitimer Grund, um zu kommen." Wir müßten dann grundsätzlich alle Beziehungsmuster aufgeben, die es uns erlauben, „von oben" zu kommen, und müßten uns ebenso grundsätzlich mit unserem Gegenüber auf die gleiche Ebene stellen. Das würde es uns in manchen Dingen schwerer machen. Aber es würde unseren Gesprächspartnern die Beziehung leichter machen, gerade auch denen, die wirklich

unsere Hilfe brauchen. Vielen würde es überhaupt erst eine Beziehung ermöglichen.

Partner sein, das würde z. B. bedeuten:

- Nicht ich weiß und bestimme, was für unsere Begegnung ein bedeutsames Thema ist, sondern ich bin bereit, mich auf das einzulassen, was für den anderen von Bedeutung ist. Natürlich darf ich mich auch selber mit meinen Themen einbringen.
- Nicht ich weiß, wie der andere seine Lebensprobleme lösen sollte. Aber ich bin bereit, mit ihm zusammen nachzudenken und zu verstehen, warum für ihn die eine Lösung in Frage kommt und die andere nicht.
- Nicht ich habe den rechten Glauben, und der andere hat den falschen oder gar keinen. Sondern ich habe meinen Glauben und bin bereit zu verstehen, woran der andere sich orientiert.
- Nicht ich habe die rechte Beziehung zur Kirche, und der andere kommt seinen Christenpflichten nicht nach. Sondern ich bin durch meinen Glauben in die Gemeinde hineingeführt worden und bin bereit zu verstehen, warum das bei meinem Gegenüber nicht so ist.
- Ich bin bereit, mich auf eine Begegnung einzulassen. Ich würde mich freuen, wenn ein Stück Gemeinschaft wachsen würde. Aber ich bin auch bereit zu akzeptieren, daß der andere weder mir noch der Kirche zuliebe verpflichtet ist, sich darauf einzulassen. Ich erwarte keine Begründung und verzichte auch darauf, seine Ablehnung zu werten, sondern nehme sie zur Kenntnis.

Helfen – aber richtig!

Mit der bisherigen kritischen Darstellung der Helferrolle soll die Bereitschaft, einem in Not geratenen Mitmenschen zu helfen, auf keinen Fall geschmälert werden. Wenn wir die Schattenseite des Helfens nicht leugnen, werden wir am ehesten wirkliche Hilfe leisten können.
Auch die Zuwendung der Eltern zu ihrem Kind, auf die wir uns immer wieder bezogen haben, ist ja für das Kind unbestreitbar lebensfördernd, ja lebensnotwendig und wird erst dann bedrohlich, wenn die Eltern ihre eigenen Bedürfnisse in den Vordergrund stellen und sie dabei auch noch leugnen. Natürlich haben die Eltern z. B. auch den Wunsch, von ihrem Kind geliebt zu werden, sich seine Liebe zu bewahren und das Kind zu behalten. Wenn dieser Wunsch aber ihre ganze Erziehung lenkt, werden sie das Kind nicht loslassen können und ihm den Weg ins Leben erschweren. Wenn sie dem Kind wirklich helfen wollen,

machen sie sich mit ihrer eigenen Erziehung selber überflüssig, denn der mündige junge Mensch braucht seine Eltern nicht mehr.
Genauso ist die lichte Seite des Helfens daraufhin angelegt, das Gefälle zwischen Helfer und Hilfsbedürftigen aufzuheben, die Schattenseite zielt dagegen dahin, es festzuschreiben. Die lichte Seite sucht im anderen den Bruder-Partner, und wo er nicht Partner sein kann, will sie ihn dazu machen. Die Schattenseite sucht im anderen den Unterlegenen. Wer die Partnerschaft will, wird sein Gegenüber so bald wie möglich und wo immer möglich als gleichwertigen Bruder akzeptieren.
Für meine Besuchsdienstpraxis bedeutet dies, daß ich darauf verzichte, meinem Gesprächspartner Ratschläge zu geben. Ich bin vielmehr daran interessiert zu hören, wie er sich selber eine Lösung der anstehenden Fragen vorstellen könnte. Ich lasse ihn selber Lösungsvorschläge formulieren. Ich messe seine Vorschläge nicht an dem, was ich für richtig halte, sondern billige ihm die Urteilsfähigkeit zu, selber zu entscheiden, was er braucht und welchen Weg er gehen muß. In diesem Punkt kann nur ich von ihm lernen. Ich versuche zu verstehen, von welchen Gefühlen und Wünschen er sich dabei leiten läßt, spreche aus, was ich verstanden habe, und gebe ihm so Gelegenheit, seine Entscheidungen zu überprüfen.
Ich lasse den andern das selber tun, was er selber tun kann. Indem ich ihm etwas zumute, mache ich ihm Mut. Indem ich ihm etwas zutraue, zeige ich, daß ich Vertrauen in ihn habe, und stärke damit sein Selbstvertrauen. Wenn der andere nicht alles tun kann, dann berate ich mit ihm, welche Schritte er selber tun kann. In der Regel werde ich erst dann selber aktiv, wenn er mich um etwas bittet. Wie wir oben gesehen haben, ist die eigene Initiative die Nagelprobe darauf, ob jemand etwas wirklich will. In allem, was geschieht, sollte der Hilfesuchende daher an einem entscheidenden Punkt durch Eigeninitiative beteiligt sein.

- Erzählen Sie einander in der Besuchsdienstgruppe Beispiele, wo Sie helfen konnten.
- Untersuchen Sie, ob das partnerschaftliche Helfen geklappt hat bzw. warum es nicht geklappt hat.
- Wie kommen Sie mit „starken“ Partnern zurecht, also mit Menschen, die nicht schon von vornherein allen Grund haben, für Ihren Besuch dankbar zu sein?

8

Vorbereitungen zum Besuch

Einem Besuch gehen einige Vorbereitungen voraus, die meist nebenbei oder auch nicht erledigt werden, die aber oft mehr Einfluß auf den Verlauf des Gesprächs haben, als viele vermuten. Es ist daher sinnvoll, sich diese kleinen Dinge bewußt zu machen und sie so zu gestalten, daß sie eine wirkliche Begegnung fördern und ihr nicht im Wege stehen.

Soll ich mich anmelden?

Vor jedem Besuch überlege ich mir, ob ich mich anmelden und wenn ja, wie ich mich anmelden soll. Der angemeldete Besuch, v.a. der schriftlich angemeldete, hat einen anderen Charakter als der unangemeldete. Machen wir uns das an einer Gegenüberstellung deutlich:

unangemeldet	**angemeldet**
Bezeichnung	
„Mal-vorbeiguck"-Besuch	„Darf-ich?"-Besuch
Atmosphäre eher in Richtung	
Der Besuch hat eher einen alltäglichen, beiläufigen Charakter. Er hat etwas Spontanes an sich. Die Atmosphäre tendiert in Richtung offen – persönlich. Zugleich kommt der	Der Besuch hat eher den Charakter des Außergewöhnlichen, Einmaligen. Die Atmosphäre geht in Richtung förmlich – offiziell – unpersönlich. Zu-

Besuch überraschend. Das kann den Besuchten verunsichern oder ihm peinlich sein.

gleich hat der Besuch etwas Korrektes an sich. Der Besuchte kann innerlich und äußerlich vorbereitet sein und fühlt sich sicher.

Rollenbilder

In der beschriebenen Weise kommt ein „freundlicher Nachbar“ oder ein „guter Bekannter“. Das sind Rollen, die zur persönlichen Beziehung gehören.

So kommt ein Vertreter einer Firma oder einer Behörde. Das sind eher unpersönliche Rollen. Wir erscheinen eher als „der offizielle Vertreter der Kirche“.

Gesprächsinhalte

Worüber wir bei solchen Besuchen reden, ist eher offen – unbestimmt. Es kann sowohl etwas Allgemeines als auch etwas Persönliches sein.

Es wird eher erwartet, daß der Besuch aus einem bestimmten Anlaß erfolgt und einen sachlichen Inhalt hat.

Intention eines solchen Besuchs

Solche Besuche werden oft gemacht, um vorhandene Beziehungen zu pflegen und nicht, um bestimmte Sachfragen zu klären.

So kommen Leute, die Beziehungen anknüpfen bzw. Kontakte herstellen oder Sachfragen klären wollen.

Man kann also nicht sagen, es sei eindeutig besser, einen Besuch anzumelden oder umgekehrt. Meine Entscheidung hängt vielmehr davon ab, wie gut ich den Besuchten kenne und die Verhältnisse, in denen er lebt. Bei manchen Menschen, die ich gut kenne, wäre eine Anmeldung viel zu steif und förmlich. Da kann ich einfach einmal vorbeigucken. Bei anderen, die ich schon kenne, rufe ich kurz vorher an und sage, daß ich gern kommen möchte, z. B. um zum Geburtstag zu gratulieren, ob es denn gelegen wäre.
Einer neuzugezogenen Familie, zu der ich bisher noch keinerlei Kontakte hatte, schicke ich einen vorgedruckten Brief, oder ich melde mich telephonisch an. Das macht meinen Besuch zwar etwas unpersönlicher und offizieller, aber das entspricht hier den Tatsachen. Ein Brief weist mich als einen Vertreter der evangelischen Kirchengemeinde aus und gibt meinem Besuch damit eine gewisse Legitimation. In dieser Anmeldung erkläre ich kurz den Grund meines Besuchs und helfe damit dem Besuchten, seine Verunsicherung zu überwinden. Nun hat er eine Vorstellung davon, wer ich bin, woher ich komme und was ich will. Der

Brief gibt uns die Möglichkeit, die Besuchsankündigung in aller Sorgfalt ansprechend und interessant zu gestalten. Er gibt dem Besuchten Zeit zu überlegen, wie er sich verhalten will. Viele Menschen reagieren mit reflexartiger Abwehr, wenn plötzlich ein Fremder vor der Tür steht und etwas will. So aber muß sich der Besuchte nicht in Sekundenschnelle entscheiden und kann seine Reflexe verarbeiten. Ich gebe einen ungefähren Zeitpunkt für meinen Besuch an und kann damit eventuell vermeiden, daß ich ungelegen komme. Der Besuchte hat ausdrücklich die Möglichkeit abzusagen, falls er keinen Besuch wünscht. Das räumt ihm Freiheit ein und erspart mir vielleicht einen unnötigen Weg. In der Wirtschaft hat sich übrigens herausgestellt, daß angekündigte Besuche weit erfolgreicher sind als unangekündigte.

Was bringe ich mit?

In erster Linie bringe ich mich selber mit. Geschenke betrachte ich mit der skeptischen Frage, ob sie mir nicht ein heimliches Alibi liefern könnten, weniger von mir selber mitzubringen. Viele Besuchsdienstgruppen bringen Jubilaren eine Bild- oder Spruchkarte mit, die die Pfarramtssekretärin mit einem kurzen Text vorbereitet und die der Gemeindepfarrer unterschrieben hat. Viele Gemeindeglieder freuen sich über dieses Zeichen, das darauf hinweist, daß auch der Herr Pfarrer an sie gedacht hat. Andererseits wird wohl das, was der Besucher selber bringt, seine Anteilnahme und seine Nähe, ein wenig entwertet. Er gerät in die Nähe des Briefträgers oder Boten. Das eigentlich Wertvolle ist dann der Kontakt mit dem Absender des Briefes, mit dem Pfarrer, der freilich leider verhindert ist. Das widerspricht aber unserem Bild von Gemeinde. Die Verbundenheit in dieser Gemeinde soll ja nicht zuerst oder gar ausschließlich Verbundenheit mit dem Pfarrer, sondern Verbundenheit der Gemeindeglieder untereinander sein.
Andere bringen außerdem eine Broschüre, wie sie von verschiedenen Verlagen angeboten werden. Wenn ich etwas Gedrucktes bringe, überzeuge ich mich zuvor, ob ich mich mit Inhalt und Aufmachung identifizieren kann. Ich notiere mir, was ich mitgebracht habe, damit ich beim nächsten Besuch nicht versehentlich wieder dieselbe Broschüre bringe. Eine kleine persönliche Aufmerksamkeit deutet an, daß ich etwas von mir selber schenken will. Vielleicht nehme ich ein Röschen aus meinem Garten mit. Ein gekaufter Blumenstrauß könnte schon als zu aufwendig empfunden werden. Größere Geschenke sind verdächtig. Jemand, den ich nicht kenne, könnte sich vereinnahmt fühlen nach dem Motto „Mit Speck fängt man Mäuse“.
Neuzugezogene erhalten eine „Visitenkarte“ unserer Gemeinde. Das ist ein Heftchen, in dem sich unsere Gemeinde vorstellt. Eine Visitenkarte ist keine

Speisekarte, die alles enthält, was unsere Gemeinde anzubieten hat. Sie macht den Besuchten nicht zum Konsumenten, der doch nun möglichst bald bestellen soll. Eine Visitenkarte sagt, wer wir sind, was uns als christliche Gemeinde wichtig ist. Sie gibt einige Beispiele dafür, wie wir uns mit diesen Dingen beschäftigen. Sie lädt nicht zu fünfundzwanzig Veranstaltungen ein, sondern vermittelt ein einladendes Bild unserer Gemeinde.

- Beraten Sie in der Besuchsdienstgruppe miteinander, was Sie mitbringen wollen. Ist es wirklich sinnvoll, jedes Jahr eine Flasche Wein zu bringen?
- Sprechen Sie miteinander über die Schriften, die Sie mitbringen. Geben Sie ein solches Heftchen einem unbefangenen Leser mit der Bitte, offen zu sagen, was er davon hält.
- Es ist eine lohnende Aufgabe, eine „Visitenkarte" der Gemeinde zu entwerfen; lohnend nicht nur, weil wir damit einen wichtigen Eindruck hinterlassen, sondern auch, weil wir uns dabei fragen müssen: „Wer sind wir als Gemeinde? Was an unserem Gemeindeleben könnte für einen Außenstehenden von Interesse sein?"

Ich bereite mich selber vor

Ein Besuch bei fremden Menschen ist immer wieder etwas, das mich verunsichert. Manchmal ist mir ein wenig bange davor. Ich weiß, daß ich dazu neige, solche Dinge zu verschieben. Deshalb nehme ich mir einen festen Zeitpunkt vor, an dem ich diesen Besuch machen werde. Ich nehme mir ausreichend Zeit. Wenn ich von vorneherein weiß, daß ich wesentlich weniger als eine Stunde aufwenden kann, mache ich keinen Besuch, auch wenn er voraussichtlich nur zwanzig Minuten in Anspruch nehmen wird. Der Besuchte würde spüren, daß ich im Grunde keine Zeit habe.
Soweit möglich, versuche ich, mich von dem zu lösen, was mich bisher zu Hause beschäftigt hat, um mit ganzer Aufmerksamkeit den Menschen begegnen zu können, die ich nun besuchen will. Ich mache mir noch einmal die Informationen bewußt, die ich von dem Besuchten habe: Was geht aus dem Adressenkärtchen hervor, das ich vom Pfarramt erhalten habe? Habe ich mit diesem Menschen schon einmal gesprochen oder ihn gar besucht? Was weiß ich noch davon? Habe ich mir etwas notiert?
Ich habe um die nötige Offenheit und Aufmerksamkeit gebetet und darum, daß Gott das Unverfügbare einer jeden wirklichen Begegnung schenken möge.

Unsichtbare Einstellungen – mit spürbarer Ausstrahlung

Für eine gute Begegnung, in der „etwas läuft" zwischen den Gesprächspartnern, in der sie miteinander warm werden und zueinander Brücken bauen können, gibt es einige Voraussetzungen, die wir nicht herstellen können wie einen Ankündigungsbrief. Im Folgenden sollen zunächst fünf Einstellungen beschrieben werden, sozusagen „Zutaten", die wir mitbringen sollten, damit das, was da gekocht wird, genießbar ist und gut schmeckt. Wir können diese „Zutaten" vielleicht im Lauf der Zeit in unserer Seele heranreifen lassen. Wir bringen sie in unserer Seele mit und nicht in unserer Hand wie das Röschen. Gerade die ersten drei Minuten, in denen die Weichen für den weiteren Verlauf des Besuchs gestellt werden, sollten von diesen Einstellungen geprägt sein. Es sind unsichtbare Einstellungen, die aber eine spürbare Ausstrahlung haben.[1]

a. **Selbstvertrauen:** Das ist nicht zu verwechseln mit einem übersteigert selbstbewußten Auftreten. Es bedeutet vielmehr, daß ich unter den verschiedenen Beziehungsebenen, die in Kap. 6 beschrieben wurden, meinen Platz auf der partnerschaftlichen Erwachsenenebene einnehme. Bei Beginn einer Begegnung sollten wir uns nicht „krank melden". Die meisten Leute reagieren ablehnend, ja sogar aggressiv gegenüber jemandem, der in einer Demutshaltung daherkommt, auffallend schüchtern ist und sich anscheinend schon für seine bloße Existenz entschuldigt.[2] Manche werden vorübergehend Mitgefühl empfinden mit einer hilflosen Person. Aber eine Beziehung werden sie darauf nicht aufbauen wollen und können. Solche Menschen werden wie ein Bettler empfunden, dem man eine Münze gibt, die er verbraucht und dann weiterbettelt.
   Wir kommen in einer redlichen Absicht. Wir wollen den Besuchten weder vereinnahmen noch manipulieren. Mit unserer Bereitschaft zur „communio" wollen wir ihm eine gute Sache anbieten, aber nicht aufdrängen. Unser Selbstvertrauen ist also durchaus begründet. Besonders Anfänger haben es damit zunächst schwer. Sie wissen zwar, daß sie Selbstvertrauen haben sollen und dürfen, fühlen sich aber trotzdem unsicher. Ihnen sei gesagt, daß dieses Selbstvertrauen nicht zuletzt auch durch Übung erworben wird.

b. **Aufmerksamkeit:** Nicht nur ich selbst muß meinen Platz auf der partnerschaftlichen Erwachsenenebene finden, sondern auch mein Gegenüber.

1 Diese Liste darf als Entfaltung und Konkretisierung dessen verstanden werden, was Paulus in Phil 2,1-4 schreibt.
2 Vgl. Kap. 6, Abschnitt „Nach welchen Mustern gestalten wir unsere Beziehungen?"

Ich kann ihm dabei helfen, indem ich ihn mein Interesse spüren lasse und ihn aufmerksam wahrnehme, ihn also anschaue und ihm zuhöre. Ich versuche, mich auf ihn zu konzentrieren und nicht etwa gelangweilt oder zerstreut zu erscheinen. Das hilft ihm, Gesprächspartner zu sein. Ich spreche nicht von dem, was ich zuvor getan habe oder nachher erledigen muß, sondern wende mich dem zu, was jetzt ist. Da ist ein Mensch, der in seinem Geschick, seinen Worten, Ängsten, Träumen, Hoffnungen einmalig ist. Ihn versuche ich zu erleben. Wenn er spürt, daß dieses Gespräch und er selber von Bedeutung für mich sind, dann stärkt ihn dies in seiner Rolle als Gesprächspartner und baut ihn darin auf. Ein Kommunikationsforscher sagte: „Wer sich zwei Monate lang für andere Menschen interessiert, gewinnt mehr Freunde als jemand, der zwei Jahre lang versucht, sich für andere interessant zu machen." Sollte hier ein Problem unserer kirchlichen Bemühungen um die „Unkirchlichen" liegen?

c. **Einfühlungsvermögen:** Ich arbeite nicht nur mit meinem Kopf und meinem Intellekt, sondern versuche, auch mit meinem Gefühl ganz dabei zu sein, und achte auf meine Eingebungen. D.h., ich suche die Gefühls- und Beziehungsebene des Gesprächs wahrzunehmen. Indem ich „auf diese Wellenlänge gehe", erleichtere ich es auch dem anderen, von den Dingen zu sprechen, die ihm wirklich wichtig sind. Auf dieser Ebene nehmen wir weniger die Fakten wahr, sondern vielmehr ihre Bedeutung für uns. Damit trage ich dazu bei, daß das Gespräch wesentlich wird.

d. **Anteilnahme:** Das ist im Grunde gar keine neue Einstellung. Darauf laufen die drei genannten Einstellungen von selber zu. Das bedeutet, daß ich mich dem, was da gesagt wird, nicht entziehe, sondern mich dieser Begegnung stelle mit Leib, Geist und Seele. Ich sehe und höre, ich freue mich mit den Lachenden und trauere mit den Weinenden.

e. **Geduld:** Ich lasse meinem Gesprächspartner Zeit. Ich nehme mir die Zeit, auf seine Bedürfnisse einzugehen. Ich dränge ihm nicht die Themen auf, die mir wesentlich sind. Keinesfalls muß ich nach drei Sätzen bei meinem Thema sein, wie manche „Missionsstrategen" empfehlen. Für einen Neuzugezogenen ist mein Besuch ein Zeichen dafür, daß er in unserer Gemeinde willkommen ist. Ich darf das auch aussprechen. Aber ich muß ihn nicht drängen, unsere Veranstaltungen zu besuchen. Wenn der Besuchte meine freundliche Einladung nicht annehmen will, dann akzeptiere ich es. Dann hat diese Einladung ihren Wert in sich gehabt. Wenn ich merke, daß er „nur" an einem Gespräch, an einer Begegnung auf der „bloß" menschlichen Ebene mit mir interessiert ist, dann freue ich mich, versuche zu verstehen, was er braucht, und es ihm zu geben, wenn ich kann.

Sicher ist diese Liste nicht vollständig. Vielleicht müßte z. B. der Humor noch erwähnt werden. Aber sie deutet die Grundhaltung an, in der ich meinen Besuch machen möchte. Indem ich selber diese Haltung suche, beeinflusse ich nicht nur mich selber, sondern auch meinen Gesprächspartner. Indem ich ihn auf dieser Wellenlänge anspreche, lade ich ihn ein, auf dieser Wellenlänge zu antworten. Es geht nun darum, diese Haltung in konkretes Verhalten umzusetzen und in Worten auszudrücken.

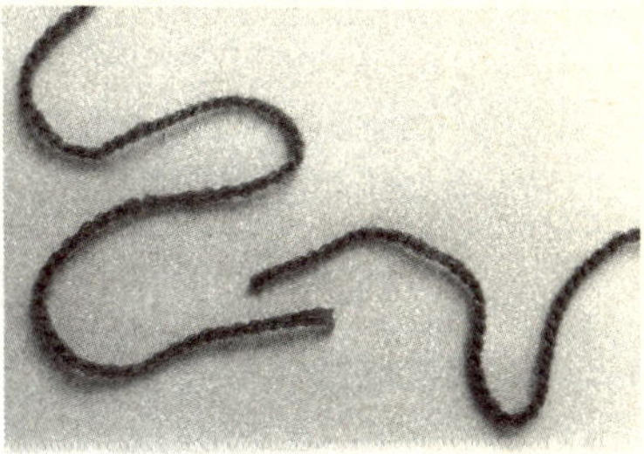

Die ersten drei Minuten

Kommunikationsforscher haben herausgefunden, daß die ersten drei bis vier Minuten für den weiteren Verlauf einer Begegnung entscheidend sind, nicht nur bei der Erstbegegnung, sondern immer wieder, wenn wir einander treffen. Diese ersten Minuten des Kontakts werden häufig unterschätzt, weil noch keine ernsthaften Themen besprochen, sondern nur unverbindliche Floskeln gesagt werden, weil man noch nicht bei der Sache ist, sondern im scheinbar unbedeutenden Vorfeld. Aber in diesem Vorfeld entscheidet es sich, ob es überhaupt zu einem Gespräch über die sogenannten ernsthafteren Dinge kommt, ob es zu einer wirklichen Begegnung kommt oder ob die Beteiligten einander ausweichen und auf Distanz bleiben.

Unbemerkte Weichenstellungen

In diesen ersten Minuten nehmen die Seelen der Gesprächspartner einander wahr. Durch Worte und Gesten teilen wir einander unbewußt mit, wie heute die Stimmung ist, wozu wir aufgelegt sind und wozu nicht. Wir nehmen einen ersten Eindruck von unserem Gegenüber auf und versuchen zu spüren, wie wir uns selber in der Beziehung zu ihm fühlen. Wenn hier von der Seele die Rede ist, dann soll das heißen: Wir machen das in der Regel nicht mit unserem Verstand, sondern es geschieht, oft ohne daß es uns bewußt wird. Etwas in uns registriert: „Es ist angenehm, mit diesem Menschen zusammenzusein, und es macht Spaß, mit ihm zu reden" oder „Ich habe keine Lust, mich auf etwas Weitergehendes einzulassen." Entsprechend verläuft das weitere Gespräch.

Was sagen wir, wenn wir „Guten Tag“ gesagt haben?

Für ein Ehepaar kann der ganze Verlauf des Tages davon abhängen, wie man einander morgens im Bett begrüßt, ob der Tag z.B. mit der brummigen Forderung beginnt: „Nun steh schon endlich auf!“ oder mit ein paar freundlichen Gesten und Worten. Ähnlich ist es beim Nachhausekommen am Abend. Die Sätze „Schön, daß du da bist“ oder „Kannst du nicht sehen, daß du früher heimkommst?“ sind wie Weichen, die in unterschiedliche Richtungen in den Abend hineinführen. Jeweils werden auf der Beziehungsebene Gefühlstöne angeschlagen, die nachklingen und oft weitere Töne herausfordern, die zu ihnen passen.
Aber nicht nur Ehepaare, sondern auch Nachbarn und Freunde führen Gespräche miteinander, die auf der Informationsebene bedeutungslos sind, aber den Sinn haben, die Beziehungsebene zu pflegen.

Bert: *Hallo Ralf, schön dich zu treffen! Du bist ja braun gebrannt, als ob du gerade vom Urlaub kämst.*
Ralf: *Aber ja doch! Auf dem Weg von Mallorca nach Sylt wollte ich gerade mal nachsehen, ob ihr auch alle schön fleißig arbeitet.*

Bert beginnt den Dialog, indem er seinem Freund zwei positive Gefühlssignale sendet: Er teilt ihm seine Freude mit, ihn zu treffen, und er sagt, daß der andere gut aussieht. Mit der zweiten Mitteilung hat er zugleich zu verstehen gegeben, daß er sein Gegenüber aufmerksam wahrnimmt. Das sind zwei wichtige Voraussetzungen für einen weiteren guten Verlauf der Begegnung. Ralf steigt mit einer flachsigen Bemerkung ein, die zeigt, daß er gut gelaunt ist, und dem Gespräch eine lockere, heitere Note gibt. Zugleich aber entzieht er sich seinem Freund ein wenig, indem er nicht von seiner Wirklichkeit spricht, sondern sie im Scherz verfremdet. So reden zwei Bekannte, die einander auf der Straße treffen, ein paar Worte wechseln, die besagen, daß die Beziehung zueinander unbelastet ist, aber zugleich „vereinbaren“, daß sie im Augenblick nicht unbedingt über große Probleme reden wollen.
Ralf hätte auch anders reagieren können. Er hätte z.B. die überraschende Begegnung ebenfalls positiv werten können. Er hätte auch einen Satz finden können, mit dem er zeigt, daß er sein Gegenüber wahrnimmt und Interesse hat, etwas über den anderen zu erfahren. Die Begegnung wäre dann um einige Grade persönlicher und herzlicher verlaufen.
Wenn es mir in den ersten drei Minuten gelingt, einen Rahmen zu schaffen, durch den mein Gegenüber sich eingeladen und ermutigt fühlt, sich zu äußern, dann wird ein Dialog entstehen und damit eine Beziehung, andernfalls ein Monolog, der bald versandet. Daher sind in der Anfangsphase einer Begegnung vor allem solche Äußerungen von meiner Seite hilfreich, die ihr einen posi-

tiven gefühlsmäßigen Wert geben, die mein Interesse am andern erkennen lassen, die zeigen, daß ich ihn wahrnehmen und auf ihn eingehen will. Dafür einige Beispiele:

Schön, daß ich dich treffe!
oder: *Du siehst heute ein wenig müde aus. Wie geht es dir?*
oder: *Schön, daß Sie sich Zeit genommen haben für meinen Besuch!*

- Untersuchen Sie mehrere Gesprächsbeispiele an Hand der Frage, was der Besucher dem Besuchten in den ersten Sätzen auf der Beziehungsebene mitteilt.
- Versuchen Sie gemeinsam, Sätze zu finden, die den Besuchten in diesen Beispielen ermutigen und als Gesprächspartner aufbauen.

Wie finde ich ein Thema?

Wenn wir nicht mit einem bestimmten Anliegen gekommen sind, ergeben sich die Themen des Gesprächs anscheinend von selber. Wir wissen hinterher manchmal gar nicht mehr, wie wir darauf gekommen sind. Schauen wir uns jedoch einen Gesprächsverlauf etwa am Beispiel eines Gesprächsprotokolls näher an, dann werden wir feststellen, daß in diesen ersten Minuten schon eine ganze Reihe von Themen angetippt und „ausprobiert“ wird. In Abwandlung eines Bibelworts könnte man sagen: An der Stelle, wo das Herz voll ist, da geht der Mund von selber auf. Das bedeutet: Unser Gesprächspartner wird die Dinge vorsichtig andeuten, die ihm wichtig sind, sobald er das Gefühl gewonnen hat: „Mit diesem Menschen kann ich gut reden.“
Frau M., eine Mitarbeiterin, berichtet: Am Mittwoch nachmittag war ich wieder im Altersheim und habe Frau V. besucht. Sie war gerade dabei, einen Schrank aufzuräumen, als ich kam. Das Gespräch verlief ungefähr so:

Frau M.: *Guten Tag, Frau V.! Ich bin Frau M. vom Besuchsdienst. Erinnern Sie sich noch an mich? Ich war vor vier Wochen schon einmal bei Ihnen, an Ihrem Geburtstag.*
V.: *Ach ja, die Frau mit den Blumen. Ich hab mich so sehr gefreut darüber.*
M.: *Ich wollte wieder einmal bei Ihnen hereinschauen. Haben Sie gerade Zeit?*
V.: *Ja, natürlich! Kommen Sie doch! Wissen Sie, hier hat man immer Zeit. Ach, diese Schwüle heute!*
M.: *Ja, da haben Sie recht. Wie verkraften Sie das denn mit Ihrem*

Kreislauf? Sie haben mir neulich erzählt, daß Sie Schwierigkeiten damit haben.

V.: *Ich muß halt immer von diesen Tabletten nehmen, die mir der Arzt verschrieben hat. Als ich noch zu Hause in T. war, hatte ich das nicht. Kennen Sie T.?*

M.: *Ja, davon haben Sie mir schon beim letzten Mal erzählt. Wenn es so heiß ist, mache ich mir oft einen Zitronen-Früchte-Tee. Ich habe da ein wunderbares Rezept von meiner Schwägerin aus der Schweiz. Da nimmt man ...*

Frau M. ist zunächst unsicher, was aus der Beziehung geworden ist, die sie beim letzten Mal zu Frau V. hergestellt hat – ob noch etwas davon vorhanden ist, ob sich Frau V. überhaupt noch an den Besuch erinnern kann, ob sich daran einfach wieder anknüpfen läßt. Außerdem weiß sie nicht recht, ob ihr Besuch im Augenblick gelegen kommt, da sie Frau V. bei der Arbeit antrifft. Sie stellt also auf der Beziehungsebene die Frage: „Können wir jetzt überhaupt miteinander in eine Beziehung kommen, und wie gut sind unsere vorhandenen Beziehungen nach unserer letzten Begegnung?" Frau V. gibt grünes Licht: „Ihr Besuch ist in guter Erinnerung geblieben. Ich freue mich, daß Sie wieder da sind. Ich habe Zeit für Sie."
In der nächsten Phase des Gesprächs werden Themen sondiert, über die man heute miteinander reden könnte. Man einigt sich schließlich auf den Austausch von Rezepten ...[1]

„Ich sehe dich nicht durch die Brille meiner Vorurteile."

Wenn wir einem Menschen zum ersten Mal begegnen, ist unser Bild von ihm sehr unvollständig. Wir sollten uns darum klarmachen, daß wir dazu neigen, was wir nicht wissen durch Vermutungen zu ergänzen. Jemand sagte z.B. von einem jungen Mann: „Ich glaube, das ist ein schlechter Mensch." Gefragt, wie er zu diesem Urteil komme, antwortete er nach einigem Überlegen: „Er erinnert mich an einen Kerl, mit dem sich mein Sohn eine Zeitlang herumtrieb."
Was geschah da? Das Aussehen des jungen Mannes oder vielleicht seine Art zu sprechen oder sich zu bewegen rief in dem anderen eine Erinnerung wach und damit Erlebnisse und die damit verbundenen Gefühle. Der alte Ärger über den Freund des Sohnes und die ablehnende Einstellung ihm gegenüber

1 Wir werden später sehen, daß Frau M. hier nicht verstanden hat, was ihre Gesprächspartnerin bewegte (vgl. S. 130-135).

wurden durch diesen jungen Mann aufgefrischt, und etwas davon blieb an ihm hängen. Sie wurden vom einen Menschen auf einen anderen übertragen. Solche Übertragungen geschehen nicht willkürlich. Etwas am anderen hat sie wachgerufen. Es braucht ein „Nägelchen", an dem man sie aufhängen kann. Es könnte also sein, daß da tatsächlich eine Entsprechung vorhanden ist, daß unsere Seele etwas ahnt, noch bevor unser Kopf es erklären kann. Der Volksmund sagt darum mit einem gewissen Recht, die ersten Eindrücke seien die besten, was heißen soll: die zutreffendsten.
Andererseits ist dies doch immer meine Reaktion, etwas, das mehr Auskunft über mich gibt als über den anderen. Es besteht die Gefahr, daß wir durch unsere Vorurteile festgelegt sind und dem anderen nicht mehr unvoreingenommen begegnen können. Die Situation ist nicht mehr offen.
Vielleicht gibt es sogar Personengruppen, über die wir eine Meinung oder Vermutung haben. Da ist das Schrägstrich-Klingelschild „Müller/Huber". Hier wohnen Herr Müller und Frl. Huber. Da ist die alleinstehende Mutter mit Kind. Und was vermuten wir, wenn uns jemand sagt, daß er vorhat, aus der Kirche auszutreten?

„Du bist interessant für mich."

Es ist daher wichtig, daß wir uns zunächst einmal unsere spontanen Reaktionen bewußt machen, sie als unsere Reaktionen erkennen und nicht einfach als die Wirklichkeit ansehen. Ich lehne dann einen Menschen nicht einfach ab, sondern stelle fest: „Aha, etwas in mir sperrt sich." Einen anderen werde ich nicht unkritisch akzeptieren, sondern mich fragen, was an ihm meine Sympathie weckt.
Das ist die Voraussetzung dafür, um wirklich neugierig sein zu können, wie dieser Mensch wirklich ist. Neugier verstehe ich hier einmal als etwas Positives, im Sinne von Offenheit, Lernbereitschaft und echtem Interesse an einem anderen Menschen. Was ich nicht in Worten ausgesprochen habe, hat die Seele des anderen doch gespürt: „Du bist interessant für mich. Ich würde gern mehr kennenlernen von dir." Dieses Interesse an der individuellen Eigenart des anderen macht ihm Mut, sich zu äußern. Ein Mensch, der verstehen will, ist immer ein interessanter und hilfreicher Gesprächspartner.
Wenn ich dagegen meine Übertragungen für bare Münze nehmen würde, würde der andere mir etwa diese unausgesprochene Haltung abspüren: „Ich weiß schon genau, wer und wie du bist, du brauchst mir gar nichts mehr zu sagen." Daß eine solche Atmosphäre das Gespräch lähmt oder im anderen aggressive Reaktionen auslöst, liegt auf der Hand.
Auch hier bewegen wir uns noch im Bereich der Grundhaltung, in der wir einem

andern begegnen und durch die in den ersten drei Minuten die Weichen für den weiteren Verlauf gestellt wird, nämlich sobald der andere in der Tiefe seiner Seele mir diese Haltung abspürt.
Wenn wir nun erkannt haben, daß unser ehrliches Interesse an der Person des anderen wie ein Dünger ist, der die Beziehung wachsen läßt, dann dürfen wir uns auch fragen, wie wir dieses Interesse bewußt zeigen können, um das Gespräch in Gang zu bringen.

Ich drücke mein Interesse aus

Unsere Überlegungen setzen wiederum schon an dem Punkt an, wo wir unseren Besuch (schriftlich) ankündigen oder wo wir uns und unser Anliegen vorstellen. Da könnte es leicht geschehen, daß wir, höflich und freundlich verpackt, zwischen den Zeilen zu verstehen geben: „Ich will dir etwas verkaufen. Ich bringe dir meine Botschaft oder eine Einladung zu unseren Veranstaltungen. Das ist das eigentlich Wichtige für mich. Du selber interessierst mich gar nicht. Ich will nichts von dir. Du kannst mir gar nichts geben, weil du nicht den Glauben hast." Wiederum dürfte einleuchten, daß das kein echtes Beziehungsangebot ist.
Zwischen den Zeilen müßte vielmehr ankommen: „Ich möchte Sie gern kennenlernen. Ihre Persönlichkeit, Ihre Meinung interessiert mich. Gerade Sie sind wichtig auch für unsere Gemeinde. Wir sind sehr gespannt, was Sie uns zu sagen haben. Es würde uns sehr interessieren, was Sie über das denken, was wir glauben und tun." Das ist ein Beziehungsangebot. Wenn es wirklich ernst gemeint ist, wäre es reizvoll, darauf einzugehen.
Unsere Aufgabe ist es nun, unseren Besuch so anzukündigen, daß diese Zwischen-den-Zeilen-Botschaft ankommt, unsere Gemeinde in diesem Sinne schriftlich und mündlich vorzustellen und Bemerkungen ins Gespräch einzuflechten, die als Signale dafür verstanden werden. Wir dürfen dies bewußt und gezielt tun, wenn es nicht nur ein Trick ist, eine geschickte Schlinge, mit der wir den anderen fangen, sondern wenn es Ausdruck dessen ist, was wir ehrlich wollen.
Der entsprechende Satz in einem Brief, mit dem wir unseren Besuch ankündigen, könnte vielleicht lauten:

> *„Wir freuen uns auf Sie und würden Sie gern kennenlernen. Darum möchte Sie Frau M., eine Mitarbeiterin unserer Gemeinde, in den nächsten Tagen besuchen. Bei dieser Gelegenheit können Sie sich über unsere Gemeinde informieren. Wir selber sind an den Erfahrungen unserer Gemeindeglieder mit dem Leben, dem Glauben und der Kirche interessiert."*

Bemerkungen im Gespräch, die Interesse bekunden, könnten z. B. lauten:

„Oh, das interessiert mich. Können Sie mir davon mehr erzählen?“

oder: *„Es würde mich interessieren, was Sie als naturwissenschaftlich denkender Mensch vom Gottesglauben halten.“*

Achten Sie doch einmal darauf, wenn Sie in der Gruppe ein Gesprächsprotokoll[2] bearbeiten, welche Bekundungen von Interesse darin vorkommen. Suchen Sie Stellen, an denen der Besucher sein Interesse hätte zeigen können. Formulieren Sie einen Satz, in dem dieses Interesse ausgedrückt wird.

Ich äußere positive Gefühle

Bereits in unserem Ankündigungsschreiben stand der Satz: „Wir freuen uns auf Sie.“ Vielleicht können wir diese Freude am Anfang der Begegnung noch einmal aussprechen: „Ich freue mich, daß Sie sich ein paar Minuten Zeit nehmen wollen.“ Wir könnten uns verabschieden mit einem Satz wie: „Das war ein interessantes Gespräch. Ich freue mich, Sie kennengelernt zu haben.“ Wiederum gehe ich davon aus, daß wir dabei nicht heucheln. Ich möchte vielmehr Mut machen, das, was wir als positiv erleben, auch auszusprechen.

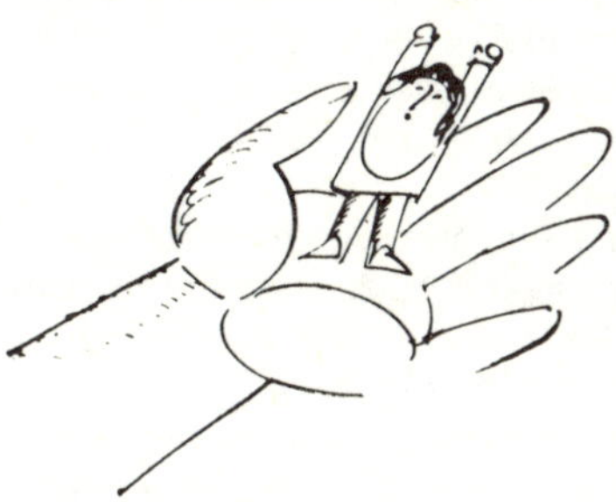

Solche Worte schaffen nicht nur ein günstiges Klima. Sie bestätigen unser Gegenüber und machen ihm Mut. Sie zeigen, daß da ein Mensch gekommen ist, der nicht ablehnt oder distanziert betrachtet, sondern den Wunsch mitbringt, das Gute zu sehen und zu einer freundlichen Beziehung zu finden. So können wir unser Gegenüber als Gesprächspartner aufbauen.

Gefühle äußern wir nicht nur mit Worten, sondern z. B. auch mit unserem Gesichtsausdruck und unseren Gesten. Ich schaue den anderen an, wenn er spricht, und zeige ihm dadurch, daß ich mit meiner ganzen Aufmerksamkeit bei dem bin, was er mir jetzt mitteilen will. Ich nicke oder lächle ihm zu. Ich zeige mich also nicht unbeteiligt, sondern

2 Das Anfertigen und Bearbeiten eines Gesprächsprotokolls wird später (S. 132 f.) erklärt.

reagiere. Das zeigt ihm, daß ich verstehe, und ermutigt ihn weiterzusprechen. Ich vermeide es, auf die Uhr zu schauen und zu gähnen.

Ich baue den anderen als Gesprächspartner auf

Am Anfang des Besuchs ist ja noch völlig offen, als wer ich komme und worauf die Rollenverteilung in dieser Beziehung hinauslaufen wird. Ich könnte ähnlich auftreten wie ein Hausierer oder ein Verkäufer. Dann würde ich versuchen, den Besuchten zu überreden und zu manipulieren. Wahrscheinlich befürchten das viele Menschen, wenn einer von der Kirche kommt, und gehen automatisch in die Defensive. Manche Menschen sind auch ganz einfach unsicher, wie sie sich gegenüber einem kirchlichen Mitarbeiter an der Haustür verhalten sollen.
Deshalb ist es wichtig, daß wir in unserer Rolle sicher und eindeutig sind. Wir wollen Partner sein. Wir wollen geben und nehmen. Wir nehmen den anderen ernst in seiner Meinung, auch wenn wir anders denken. Selbst wo wir eine Meinung oder ein Verhalten nicht billigen können, versuchen wir, sie zu verstehen. Damit verleugnen wir nicht unseren christlichen Glauben, sondern wir praktizieren ihn, denn Jesus behandelte die Menschen nicht von oben herab. Selbst die Sünder hatten für ihn eine Würde als Geschöpfe des Vaters.
Ein solches partnerschaftliches Beziehungsangebot erwarten viele Menschen nicht unbedingt von der Kirche. Zu lange hat sie die Menschen bevormundet und beurteilt. Auch in unserer Gesellschaft insgesamt ist ein partnerschaftliches Miteinander-Umgehen nicht selbstverständlich. In der Werbung, in der Politik, ja selbst am Stammtisch wird in der Regel versucht, eine Meinung durchzusetzen. Für manche wird es ungewohnt sein, als Mensch und Gesprächspartner so sehr geachtet zu werden.
Wir werden daher in vielen Fällen den anderen erst als Gesprächspartner aufbauen müssen, d. h. wir müssen ihm helfen, diese Rolle zu übernehmen. Das erste, was wir tun können, ist, daß wir ihm Gelegenheit geben, sich zu äußern. Wir versuchen also, am Anfang einen langen Vortrag zu vermeiden, und machen dem Besuchten Mut, möglichst bald und dazwischen immer wieder selbst das Wort zu ergreifen. Dabei fordern wir ihn nicht nur auf, unsere Fragen zu beantworten, wir laden ihn vielmehr ein, das zu sagen, was ihm wichtig ist.
In diesem Zusammenhang könnte es auch hilfreich sein, den andern in den ersten drei Minuten ein- oder zweimal mit seinem Namen anzureden. Er soll merken, daß er nicht „Herr Irgendwer“ für mich ist, sondern daß ihm persönlich mein Interesse gilt.

Ich gebe auch etwas von mir zu erkennen

Manchmal wird sich unser Gesprächspartner schwer tun, etwas zu sagen, was für ihn von Bedeutung ist, sei es, weil er sich scheut, dem Gespräch so viel Dichte zu geben, oder weil er gewohnt ist, oberflächliche Gespräche zu führen, die nur den einen Sinn haben, die Zeit zu vertreiben.
Dann kann es sinnvoll sein, wenn wir etwas sagen, das für uns wichtig ist. Eine Dame vom Besuchsdienst erzählt z. B. gegen Ende dieser drei Minuten: „Als wir vor fünf Jahren hierher zugezogen sind, lebten wir zunächst etwas zurückgezogen. Aber dann habe ich mich dazu entschlossen, diese Gemeinde etwas näher kennenzulernen. Ich wollte nicht bloß für mich da sein, sondern mich an einer sinnvollen Stelle engagieren. Ich habe festgestellt, die Leute sind sehr nett, und ich habe eine sinnvolle Aufgabe gefunden." Nun macht sie eine Pause und wartet die Reaktion der Gesprächspartnerin ab. Diese kurze Erzählung enthält verschiedene Aussagen, die als Gesprächsangebot in Frage kommen. Die besuchte Dame kann an das anknüpfen, was ihr am nächsten liegt. Indem die Besucherin „ich" sagt und von ihrer eigenen Suche nach Lebensinhalt spricht, lädt sie die Besuchte ein, ebenfalls „ich" zu sagen und auf die Ebene der persönlichen Betroffenheit zu gehen.

Die ersten Minuten – ein Beispiel

M.: *Guten Tag, ich bin Frau M. Sind Sie Frau B.?*

B.: *Ja.*

M.: *Ich komme von der Thomas-Gemeinde. Das ist die Gemeinde, zu der Sie auch gehören, seit Sie hierhergezogen sind. Vielleicht wissen Sie das noch gar nicht.*

B.: *Nein, das habe ich nicht gewußt. Aber neulich ist so ein Brief gekommen.*

M.: *Oh, das freut mich, daß Sie sich daran erinnern. Den habe ich geschickt, damit mein Besuch nicht so überfallartig kommt. Haben Sie gerade ein paar Minuten Zeit?*

B.: *Ja, wenn's nicht so lang geht. Wollen Sie hereinkommen?*

M.: *Gern, Frau B., das ist sehr freundlich. Ich werde Sie nicht lange aufhalten.*

B.: *Nehmen Sie doch Platz. Das ist selten, daß von der Kirche jemand kommt. Sammeln Sie?*

M.: *(lachend) Nein, ich komme nicht zum Sammeln. Ich möchte Sie begrüßen und willkommen heißen. Unsere Gemeinde möchte offen sein für alle Menschen, gerade auch für die, die neu zuziehen. Deshalb bin ich zu Ihnen gekommen, um uns vorzustellen und um Sie kennenzulernen. Wie gefällt es Ihnen denn hier in Cestadt?*

B.: *Ach, es ist ganz nett hier. Man muß halt sehen, wie man zurechtkommt. Daß der Bus hier herausfährt, ist ganz praktisch. Man kann auch gut einkaufen. Ich habe ja kein Auto.*

M.: *Sie sagen: „ ... sehen, wie man zurechtkommt“.*

B.: *Nun, jeder ist sich halt selbst der Nächste. – Jeder schaut, was er macht aus seinem Leben, daß es nicht grad umsonst war.*

M.: *Als wir vor fünf Jahren hierher zugezogen sind, lebten wir zunächst etwas zurückgezogen. Aber dann habe ich mich dazu entschlossen, diese Gemeinde etwas näher kennenzulernen. Ich wollte nicht bloß für mich da sein, sondern mich an einer sinnvollen Stelle engagieren. Ich habe festgestellt, die Leute sind sehr nett, und ich habe eine sinnvolle Aufgabe gefunden.*

Nun macht sie eine Pause und wartet die Reaktion der Gesprächspartnerin ab.

Spielen Sie doch in Ihrer Gruppe ab und zu Gesprächsanfänge im Rollenspiel: Einer spielt den Besuchten. Der Besucher baut ihn in der beschriebenen Weise als Gesprächspartner auf. Sie können Anfangssituationen frei erfinden oder von erlebten Situationen ausgehen und diese im Spiel verändern.

10.

Wir machen einen Besuch

Nachdem wir uns ausführlich überlegt haben, warum und wozu wir Besuche machen und worauf wir bei der Gesprächsführung achten wollen, ist es nun an der Zeit, auch zu tun, worüber wir die ganze Zeit nachdenken, und tatsächlich Besuche zu machen. In diesem Kapitel erzähle ich, welches Vorgehen mir bei einem Besuch sinnvoll erscheint. Ich lade Sie, liebe Leserin, lieber Leser, nun ein, mich in Gedanken zu begleiten und dann selber einen Besuch zu wagen. Eine Adresse haben Sie in der Besuchergruppe vom Pfarramt erhalten. Die wirklich entscheidenden Dinge für den Besuchsdienst kann man nur in der Praxis selber und durch die sorgfältige Auswertung lernen.

Ich gehe hin

Nachdem ich mir noch einmal alles in die Erinnerung zurückgerufen habe, was ich über meinen künftigen Gesprächspartner weiß, wähle ich einen möglichst günstigen Zeitpunkt. Berufstätige sind selten vor 17 Uhr zu Hause. Nach 20 Uhr mache ich möglichst keine Besuche mehr. Wenn es sich einrichten läßt, komme ich nicht gerade, wenn im Fernsehen die Abendnachrichten laufen. Ich weiß nicht, wann in der Familie, die ich besuchen will, zu Abend gegessen wird. Daher läßt es sich nicht vermeiden, daß ich manchmal ungelegen komme. Ich werde mich dann gleich wieder verabschieden, nachdem ich mich erkundigt habe, wann die Familie für meinen Besuch Zeit hat. Menschen, die nicht oder nicht mehr berufstätig sind, besuche ich am späten Vor- oder Nachmittag.
Ich läute nicht zu kurz und nicht zu lang, wenn nicht geöffnet wird, auch ein zweites, vielleicht ein drittes Mal. Sollte sich nun immer noch nichts rühren, nehme ich an, daß niemand zu Hause ist oder daß ein Besucher im Augenblick nicht erwünscht ist. In diesem Fall werfe ich ein vorbereitetes Kärtchen in den

Briefkasten, auf dem ich mitteile, daß ich da war, um im Auftrag der evangelischen Kirchengemeinde einen Besuch zu machen. Ich kündige an, daß ich in den nächsten Tagen wiederkomme bzw. daß ich um eine kurze Nachricht bitte, falls ich wiederkommen soll, je nach Situation. Das Kärtchen enthält meine Telephonnummer.

Ich stelle mich vor

Heute wird die Tür geöffnet. Ein fragendes Gesicht schaut mich an. Die ersten Sekunden sind für den Besuchten recht schwierig, vor allem wenn er mich nicht kennt. Er muß mit seiner Überraschung fertig werden, und er muß sich entscheiden, wie er sich mir gegenüber verhalten will. Diese Entscheidung trifft er nicht mit ruhigem Verstand, vielmehr wird er dabei von einer ganzen Palette von Gefühlen bewegt. Menschen begegnen einem Fremden seit Urzeiten mit einer gehörigen Portion Skepsis. Sie wissen nicht, ob er mit guten oder bösen Absichten kommt. Dieses Urmißtrauen erhält heute immer wieder Nahrung durch Erfahrungen mit Haustürverkäufern, Sektenangehörigen und durch Zeitungsberichte über Wohnungsdiebstähle. Dazu kommt die Verhaltensunsicherheit gegenüber einem Fremden zumal in einer überraschenden Situation. Gefühle der freudigen Neugier und des erwartungsvollen Interesses kommen in dieser Situation zwar auch zum Schwingen, werden aber in der Regel durch Skepsis, Unsicherheit und Ängstlichkeit überlagert.

Exkurs: Sollen wir zu zweit gehen?[1]

Bei einer solchen ersten Kontaktaufnahme werden auf beiden Seiten, beim Besuchten und beim Besucher, eine ganze Reihe von Gefühlen geweckt. Vor diesem Hintergrund sollten wir die Frage entscheiden, ob wir allein oder zu zweit Besuche machen. Für uns selber ist es leichter, wenn wir zu zweit kommen. Zu zweit fühlen wir uns stärker und sicherer. Wenn dem einen die Worte ausgehen, fällt dem anderen etwas ein. Für den Besuchten ist die Lage aber bedrückender, wenn er zwei Fremden gegenüber steht, die ihre Position gemeinsam vertreten können. Er gerät psychisch leicht in die Position des Unterlegenen. Dann wird er entweder noch mehr den Wunsch haben, möglichst schnell die Tür zur Wohnung und zur Seele zuzumachen, oder er wird sich genötigt sehen, Standhaftigkeit zu beweisen. Außerdem entsteht die Notwendigkeit, sich nicht nur auf einen, sondern gleich auf zwei Gesprächspartner

1 Zu der paarweisen Aussendung der Jünger in Lk 10,1par. vgl. S. 126.

einzustellen. Vielleicht haben die beiden Besucher auch noch einen unterschiedlichen Eindruck von dem, worum es bei diesem Gespräch hauptsächlich gehen sollte, und behindern sich gegenseitig. Ein offenes Gespräch wird durch all diese Dinge eher erschwert.

Dennoch möchte ich den Einzelbesuch nicht zum Gesetz machen. Ich könnte mir vorstellen, daß ein Anfänger erst einmal einen erfahreneren Mitarbeiter begleiten möchte. Solche Besuche zu zweit macht man dann am besten dort, wo der Besucher schon bekannt ist. Wenn eine Frau einen Besuch nicht allein machen möchte, könnte ich mir ebenfalls vorstellen, daß eine andere Person mitgeht. Und dann gibt es noch bestimmte Situationen, in denen es ratsamer ist, daß ein Mann den Besuch ausführt.

Diese ersten Sekunden, die für den Besuchten so schwierig sind, kann ich entschärfen, indem ich möglichst verständlich mitteile,

- wer ich bin,
- woher ich komme und
- was ich will.

Demselben Anliegen dient eine mögliche Ankündigung des Besuchs, über die wir schon gesprochen haben. Eine vorherige Anmeldung ist wohl auch die einzige Hilfestellung, die wir uns selber geben können, um die große Hürde der Sprechanlage zu überwinden. Am Telephon ist der Abwehrreflex nicht so groß wie an der Haustür. Eine interessant formulierte und gut gestaltete schriftliche Ankündigung hat eher Chancen anzukommen als ein paar halbverstandene Sätze aus der Sprechanlage. Eventuell erinnere ich in einem der ersten Sätze an diese Ankündigung und ermögliche so ein wenig das Vertrautsein. Diese ersten Sätze habe ich wohl überlegt. Es könnte sich z. B. ein Gespräch ergeben, wie es am Ende des vorigen Kapitels abgedruckt wurde.

Erzählen Sie einander doch einmal in der Gruppe, wie Sie sich und das Anliegen Ihres Besuchs vorstellen. Sagen Sie einander, ob die Vorstellung informativ genug ist und ob Sie sie als einladend genug empfinden.

Ich versuche also, einen langen Vortrag über die drei Einstiegsinformationen zu vermeiden. Vielmehr bringe ich diese Informationen in kleinen Portionen, die der Besuchte hoffentlich nach und nach verarbeiten kann. Zwischendrin gebe ich ihm immer wieder Gelegenheit, das Wort zu ergreifen. Ich möchte vermeiden, daß sich der Monolog erst einmal einspielt. Unsere Begegnung soll von vorneherein ein Gespräch sein. Außerdem soll der Besuchte immer wieder sagen können, was ihm wichtig ist. Das macht es ihm auch leichter zu fragen, falls er nicht ganz verstanden haben sollte, worum es sich handelt.

Exkurs: Zwischen Tür und Angel

Es ist für den Besucher eine große Erleichterung, wenn der Besuchte ihn nach den ersten Formalitäten hereinbittet und ihm Platz anbietet. Das Gespräch hat nun einen ganz anderen äußeren Rahmen und damit zugleich eine andere Atmosphäre. Es ist eine Geste, die viel Offenheit und Bereitschaft zur Begegnung ausdrückt. An der Tür steht das Gespräch dauernd auf der Kippe zwischen Abbruch und Fortführung. Durch das Hereinbitten wird ihm ein Ort und auch ein gewisses Maß an Zeit geschenkt. Wenn diese Einladung nicht kommt, wollen manche Besucher fragen: „Darf ich einen Augenblick hereinkommen?" Ich kann diesen Wunsch gut verstehen. Vielleicht helfen wir damit sogar manchen Leuten, die einfach nicht wissen, wie man sich in einer solchen ungewohnten Lage sinnvoll verhält. Dennoch würde ich diese auffordernde Frage nicht stellen.

Diese Situation auf der Kippe, die für uns so unbequem ist, kann für den Besuchten gerade eine Hilfe sein. Wenn er uns hereinbittet, hat er sich festgelegt. Dann kann er das Gespräch nicht ganz so schnell wieder abbrechen. Dann muß ein Thema, das angeschnitten wird, auch mit einer gewissen Gründlichkeit besprochen werden. Zwischen Tür und Angel bleibt offen, ob ein Beziehungsfaden angeknüpft wird. Im Wohnzimmer wird alles eine Stufe verbindlicher. Für manche Menschen ist zu viel Verbindlichkeit beängstigend. Es fällt ihnen leichter, sich auf jemanden zuzubewegen, solange sie das Gefühl haben, daß sie sich jederzeit auch wieder zurückziehen können. Sie wissen ja noch gar nicht, wer der Mensch ist, der da gekommen ist, und wieviel Vertrauen sie zu ihm fassen werden. Da ist es ihnen gerade recht, wenn die Beziehung in der Schwebe bleibt und nach beiden Seiten hin offen ist.

Es sind keineswegs immer nur nebensächliche Themen, die zwischen Tür und Angel besprochen werden. Diese offene Situation erlaubt es manchmal erst, sich heißen Eisen ganz vorsichtig zu nähern. Der Mut reicht gerade aus, wenn der Betroffene sich jederzeit wieder zurückziehen kann. Es ist eben gerade kein „ernsthaftes" Gespräch, das da stattfindet, in dem man einer Sache auf den Grund gehen müßte. Im Vorübergehen kann man so viel antippen, wie im Augenblick möglich ist.

Wahrscheinlich sind auch manche Gespräche vor dem laufenden Fernseh-

oder Radiogerät unter diesem Gesichtspunkt zu sehen. Man spricht „nebenbei". Uns Besucher stört das ungemein. Aber vielleicht braucht der Besuchte dieses andere Programm, um ausweichen zu können, solange er nicht genügend Vertrauen gefaßt hat. Oder vielleicht kann er nur so mit seiner Angst fertig werden, von der Kirche festgelegt und vereinnahmt zu werden, indem er sich die Möglichkeit offenläßt, sich entziehen zu können.

Ich achte auf Gesprächsangebote

Auch das Gespräch zwischen Frau M. und Frau V., das wir im vorigen Kapitel kennengelernt haben, ist ein gutes Beispiel dafür, wie in den ersten Minuten die Weichen für den weiteren Verlauf der Unterhaltung gestellt werden. Schauen wir uns dieses Gesprächsbeispiel noch einmal an! Da fällt eine ganze Reihe von Stichworten, die zu Themen des Gesprächs werden könnten: „Geburtstag", „Blumen", „Haben Sie Zeit?", „Diese Schwüle!", „Kreislauf", „Tabletten", „zu Hause in T.", „Zitronen-Früchte-Tee". Die Gesprächspsychologen haben herausgefunden, daß Dinge, die uns beschäftigen, sozusagen besprochen werden wollen und sich nach vorne drängen. Oft sind sie schon in den ersten Sätzen des Dialogs angedeutet. Deshalb versuche ich, auf das zu lauschen, was da angedeutet wird und auf das einzugehen, was mir mein Gesprächspartner unbewußt als Thema anbietet.

Auch Frau V. macht solche Angebote: „Hier hat man immer Zeit ..." Damit gibt sie etwas von dem Leerlauf zu erkennen, den sie im Altersheim erlebt. „Ach, diese Schwüle!" Es scheint Frau V. körperlich nicht gut zu gehen. Oder gibt es vielleicht noch eine andere Art von dicker Luft, die ihr zu schaffen macht? „Ich muß diese Tabletten nehmen." Anscheinend nimmt Frau V. ihre Medikamente nur widerwillig. Warum hat sie wohl eine solche Abneigung dagegen? „Zu Hause in T. ..." scheint ein Gesprächsthema zu sein, von dem sie immer wieder unter großer innerer Beteiligung spricht.

Zweifellos haben Themen, die sich so sehr vordrängen, für unsere Gesprächspartner große Bedeutung. Wenn wir gelernt haben, auf der Beziehungsebene zu fühlen, werden wir oft schon am Anfang entdecken, daß uns der andere eine Reihe von Gesprächsangeboten macht.

Zunächst entwickelt sich das Gespräch zwischen Frau M. und Frau V. sehr hoffnungsvoll. Es gelingt Frau M., eines der Gesprächsangebote aufzunehmen: „Wie verkraften Sie das mit Ihrem Kreislauf?" Allerdings lenkt sie das Gespräch durch ihre Frage schon in eine ganz bestimmte Richtung. Frau V. hat noch gar nicht gesagt, was ihr an der Schwüle so sehr zu schaffen macht. Auf das Gesprächsangebot „zu Hause in T." kann Frau M. nicht mehr eingehen. Sie sagte dazu: „Ich fand, Frau V. beschäftigte sich zu sehr mit sich selber. Sie

sollte weniger von T. erzählen und sich mehr ins Altersheim integrieren." Sie meinte besser zu wissen, welche Themen für Frau V. wichtig sind.
Das Ergebnis dieses unbewußten Aushandelns eines Gesprächsthemas war in diesem Fall, daß sich die Damen auf das unverfänglichste einigten. Da Frau M. nicht über T. reden will, schlägt sie ersatzweise Tee vor. Das war in diesem Fall ein typisches Ausweichthema. Entsprechend oberflächlich verlief die Begegnung.

Ich mache ein Angebot

Nicht immer kann ich solche Gesprächsangebote erkennen. Wahrscheinlich bin ich in manchen Stunden nicht sensibel genug. Vielleicht ist mein Gesprächspartner zu ängstlich, um aus sich herauszugehen. Oder es liegt im Augenblick nichts an, das er mit mir besprechen wollte. Dann kann ich ihm ein Gesprächsangebot machen.
Der Satz „Wie gefällt es Ihnen denn hier in Cestadt?" aus dem Beispiel am Ende des vorigen Kapitels enthält ein solches Angebot. Es ist zwar als Frage formuliert, läßt dem Gesprächspartner aber einen weiten Spielraum zum Antworten. Es ist ein Angebot auf der Beziehungsebene, das ihn einlädt, nicht nur irgendwelche Informationen, sondern etwas von sich selber mitzuteilen.
Vielleicht könnte ich im Anschluß an das vorher Gesagte an Stelle dieses Satzes antworten: „Ich hoffe, in dieser Broschüre steht einiges drin, was Sie interessiert und womit Sie etwas anfangen können." Möglicherweise wird mein Gesprächspartner dadurch eingeladen, mir zu sagen, was er gern wissen würde über Cestadt und die Thomas-Gemeinde.

Es ist eine lohnende Aufgabe für die Besuchsdienstgruppe, Gespräche auf solche Angebote von beiden Seiten zu untersuchen und Vorschläge für einfühlsame Gesprächsangebote in verschiedenen Besuchssituationen zu sammeln.

Ich treffe eine Vereinbarung

Aus diesen Impulsen – einerseits dem Angebot meines Gesprächspartners und meiner Bereitschaft, mich darauf einzulassen, und andererseits meinem Angebot und seiner Bereitschaft, darauf einzugehen – ergibt sich eine stillschweigende Vereinbarung über den Verlauf der Begegnung. Im vorigen Kapitel konnten wir in dem Gespräch zwischen Bert und Ralf beobachten, wie die beiden „vereinbaren", heute nur ein paar flachsige Sprüche zu wechseln und

ernsthaftere Dinge auszuklammern. Frau V. in unserem Gesprächsbeispiel scheint die „Vereinbarung" anzubieten: „Lassen Sie uns doch ein wenig über T. reden, denn ich denke so gerne an T." Ohne es direkt auszusprechen, lehnt Frau M. diesen Vorschlag ab. Die beiden „vereinbaren" dann ein Gespräch über Tee- und Punschrezepte. Damit hat sich ein Gesprächsthema herausgeschält, das für beide möglich und dazu noch sehr ergiebig ist.
Es ist ein Unterschied, ob ich sage „Es hat sich herausgeschält" oder „Ich treffe eine Vereinbarung". Nach der ersten Formulierung kommt das Thema von selber, und ich weiß nicht, wie. Nach der zweiten lasse ich mich auf ein Thema ein bzw. wirke an seinem Zustandekommen mit, und zwar bewußt. Das heißt keinesfalls, daß ich dem Gespräch eine bestimmte Richtung aufzwinge. Vielmehr kommt es mir darauf an: Ich versuche, mir klar zu machen, welche Gesprächsangebote angeklungen sind. Ich gebe mir Rechenschaft, worauf ich mich einlasse, damit wir nicht aus Versehen bei Teerezepten landen, wo ganz andere Dinge wichtiger gewesen wären. Ich möchte also die „Vereinbarung", die gewöhnlich unbemerkt getroffen wird, verantwortlich treffen.

Ich versuche, die Gestalt der Begegnung zu fassen

In einer Anleitung für Leiter von Gruppengesprächen heißt es, nach einer ersten Phase, in der eine Frage unter verschiedenen Perspektiven ausgeleuchtet wurde, sei es in der zweiten Phase an der Zeit, Ergebnisse zu sichern. Es soll also nicht endlos ein Einfall neben den anderen gestellt werden. Irgendwann müssen die verschiedenen Möglichkeiten geprüft und Wege der Realisierung gesucht werden.
Dieses systematische Vorgehen ist sicher vor allem in Sachdiskussionen sinnvoll. Ich denke aber, es gibt auch für den weiteren Verlauf eines seelsorgerlichen Gesprächs eine gewisse Richtung an. Vielleicht kann ich nach einiger Zeit zusammenfassen, was in diesem Gespräch klar wurde und was offenblieb. Allmählich wird mir bewußt, was das tiefere Problem ist, um das es auf der Beziehungsebene geht. Wir werden das angesprochene Problem wahrscheinlich nicht lösen, vielleicht nicht einmal ganz erfassen können. Was ist dann trotzdem in dem Gespräch geschehen bzw. was geschieht noch? Geht es heute darum, die Frage besser zu verstehen? Braucht mein Gegenüber jemanden, der seine Lösungsvorstellungen mit ihm durchdenkt? Oder braucht er heute vor allem das Gefühl, nicht allein gelassen zu werden?
Diese Fragen können vielleicht andeuten, welche Gestalt eine Begegnung haben könnte. Ich gebe ihr diese Gestalt nicht, indem ich auf das lossteuere, was nach meiner Meinung als Ergebnis herauskommen sollte. Ich kann das, was wird, zu fassen versuchen und so beim Werden mithelfen. In einigen Fällen

wird die Gestalt der Begegnung es z. B. ermöglichen oder gar nahelegen, ein Gespräch mit einem Gebet abzuschließen. Der „Dritte im Bunde" war eigentlich immer spürbar und kann darum nun auch angesprochen werden. In den meisten anderen Fällen war es für den Besuchten eine Begegnung zwischen zwei Menschen. Ich denke, es kann dabei bleiben, bis er von selber etwas von jenem Dritten im Kreise gespürt hat. Wenn ich davon reden wollte, ehe die Zeit reif ist, könnte er es nicht verstehen.

Ich verabschiede mich

Jede Begegnung hat auch ihre zeitlichen Grenzen. Sie sind gegeben durch die Zeit, die mein Gesprächspartner und ich zur Verfügung stellen können. Wenn einer von beiden die Zeit des anderen über Gebühr strapaziert, entsteht Ärger. Diese Grenzen sind gegeben durch den Anlaß. Der Besuch bei einem Neuzugezogenen oder einem schwer Kranken wird in der Regel kurz sein. Grenzen sind uns nicht zuletzt durch unsere seelische und geistige Kraft gesetzt. Die Früchte, die reif waren, sind dann geerntet. Was heute sagbar war, ist nun ausgesprochen. Ich frage mich also, wann die Zeit gekommen ist, mich zu verabschieden. Da ich der Gast bin, ist es an mir, die Initiative zu ergreifen. Tut es der Gastgeber, erinnert es ein wenig an einen Rausschmiß.
Ich verabschiede mich gern mit einem Kompliment, wenn ich dabei ehrlich bleiben kann. Anders gesagt: Ich möchte einen positiven gefühlsmäßigen Eindruck aussprechen und ihn dadurch verstärken. Auch hier gilt die Regel: Ich muß nicht alles sagen, was wahr ist. Aber alles, was ich sage, soll wahr sein. Vielleicht kann der Satz, mit dem ich meinen Abschied einleite, so lauten:

R: *„Ich habe mich gefreut, Sie kennenzulernen. Das war ein sehr anregendes Gespräch für mich. Besonders ihr Erlebnis bei der Taufe Ihrer Enkelin hat mich sehr beeindruckt."*

Ich erinnere an das, was wir im vorigen Kapitel über die ersten drei Minuten gesagt haben. Es ging darum, den anderen als Gesprächspartner aufzubauen. Das soll hier noch einmal geschehen. Das Gespräch soll möglichst mit einem freundlichen Gefühlston ausklingen und so in Erinnerung bleiben. Der emotionale Beziehungsfaden soll noch einmal gestärkt werden, damit er hält bis zur nächsten Begegnung.
Manchmal ist es schwer, ein Gespräch zu beenden. Dem Gesprächspartner fällt noch etwas und noch etwas ein, das er ausführlich erzählen muß. Ich weiß, daß dieses „Kleben" typisch ist für Menschen, die Angst vor dem Alleinsein haben, sich klein und schwach fühlen und den übergroßen Wunsch haben, sich anzulehnen. Mit ihrem sich hinziehenden Erzählen sagen sie zwischen den Zei-

len: „Gell, du läßt mich nit im Stich“, um einen Faschingsschlager zu zitieren. Ich weiß, daß ich diese grenzenlose Zuwendung nicht geben kann. Deshalb muß ich auf die Realität hinweisen.

R.: *„Frau D., Sie dürfen diese Geschichte gern noch zu Ende erzählen, aber um viertel vor fünf muß ich unbedingt gehen. Wir haben also noch zehn Minuten.“*

Ich fühle mich dann immer versucht, einen weiteren Besuch in Aussicht zu stellen. Für solche „klebenden“ Menschen wäre das aber ein Versprechen. So achte ich streng darauf, nicht mehr anzudeuten, als ich wirklich halten kann und will.

- Untersuchen Sie in der Besuchsdienstgruppe einige Gesprächsabschlüsse: Was teilen die Gesprächspartner einander auf der Gefühlsebene mit im Blick auf den zu Ende gehenden Besuch und im Blick auf künftige Möglichkeiten?
- Versuchen Sie, Sätze zu finden, die das Gespräch mit einem positiven Gefühlston beenden.
- Haben Sie auch schon Menschen erlebt, die Sie nicht loslassen wollten? Erzählen Sie einander, wie Sie sich in solchen Situationen verhalten.

Zur Gestalt der Begegnung gehört, daß ich zu erfassen suche, ob das Gespräch eine Fortsetzung braucht. Wenn sich meine Zeit ihrem Ende nähert, kann ich meinen Eindruck davon aussprechen oder meinen Gesprächspartner nach seinem Eindruck fragen. Wiederum prüfe ich, was meine Motive sind, an einen weiteren Besuch zu denken. Der Begrüßungsbesuch z. B. hat seine Gestalt als Gruß und als Zeichen unserer Offenheit. Ein unangemessenes Suchen nach einer Fortsetzung könnte dieses Zeichen verdecken.
Wenn wirklich eine Beziehung entstanden ist, ist das Ende des Gesprächs nicht einfach ein Schluß, sondern ein Abschied. Dann wird Freude spürbar über einen gelungenen Kontakt zwischen Menschen, aber auch ein Hauch von Trauer. Jeder Abschied fällt leichter, wenn man sich auf eine neue Begrüßung freuen kann. Der Satz „Es wäre schön, wenn wir uns gelegentlich einmal wieder treffen würden“, der leicht den Eindruck erweckt, ich wolle den anderen nun festlegen, kann dann Ausdruck von Offenheit und Hoffnung sein.

„Nun sind Sie dran!“

Vielleicht, liebe Leserin, lieber Leser, sind Sie erschrocken über die vielen Dinge, auf die man da achten soll: Beziehungsebene und einfühlendes Ange-

bot, die Gestalt fassen und den richtigen Abschluß finden. Vielleicht haben Sie gedacht: „Das bekomme ich ja nie hin!“ Lassen Sie sich bitte nicht entmutigen von so vielen Gesichtspunkten. Sie brauchen immer nur eines nach dem anderen zu lernen. Machen Sie nun einfach einen Besuch. Am besten, Sie nehmen sich nur einen Punkt vor, auf den Sie dabei achten wollen, z. B.: „Ich möchte einfühlend antworten. Ich will mich in die Lage des andern hineinversetzen und versuchen, das auszusprechen, was ich verstanden habe.“
Es geht gar nicht um viele Techniken und Methoden, die Sie alle anwenden sollen. Es geht nur um eine Grundeinstellung: auf die Menschen eingehen, mit der Seele zu ihnen hingehen. All die vielen Gesichtspunkte, die ich genannt habe, sollen Ihnen helfen, zu dieser Haltung zu finden und sich in ihr zu üben. Deshalb genügt es fürs erste, wenn Sie sich von einem Punkt die Richtung weisen lassen und dann ihrer Seele folgen.

11.

Hat es sich gelohnt?

Briefwechsel

Lieber Herr R.,
ich möchte Ihnen doch einmal schreiben und Ihnen erzählen, wie es mir im Besuchsdienst erging.
Meinen ersten Bezirk als Vertrauensfrau übernahm ich in einer Großstadt zwischen Bürohäusern und Geschäften. Es war sozusagen ein „steiniger Acker". Aber es war doch schön für mich zu erleben, wie sich die Großstadttüren langsam öffneten. Noch heute freue ich mich, wenn ich auf den Straßen und Plätzen der Innenstadt, in der Markthalle und in den Geschäften auf alte Bekannte aus dieser Zeit treffe. Dann tauche ich auf meinen Rundgängen eine kleine Weile in die alte Kirche ein und gehe reich beschenkt wieder heim. Oft denke ich an diese schöne Zeit zurück, greife zum Telefon und rufe jemanden von den Älteren an, von denen ich weiß, daß sie sich freuen. Manchmal bekomme ich sogar noch Besuch.
Die Erinnerungen sind schön, aber damals, als ich in meiner ehemaligen Gemeinde noch Besuche machte, war ich doch auch immer wieder bedrückt. Die Leute, die ich besuchte, freuten sich zwar, wenn ich kam, sie waren gern mit mir zusammen und kamen zum Kaffee. Aber es ist mir nicht gelungen, einen einzigen Menschen in unserer Gemeinde dauerhaft heimisch zu machen. Selbst wenn ich anbot, jemanden sonntags mit dem Auto in die Kirche zu fahren, gab es hundert Ausreden. Mit meinen Besuchen habe ich persönliche Sympathie geweckt, aber die Leute konnten hinter mir nicht die Gemeinde sehen. Wenn ich mit meiner kleinen Tochter zum Flötespielen kam, und auch sonst, wurde sie mit Schokolade beschert. Die Tüten für „Brot für die Welt" blieben jedoch unangetastet. Ich litt darunter, nicht „zur Sache gekommen" zu sein. Wenn ich jemandem geholfen habe und erwartet habe, daß daraus Hilfe

für den nächsten Nächsten erwachsen würde, hatte ich mich gründlich getäuscht. Statt einem Schneeballsystem für andere erntete ich Pralinen für mich.
Auch in meiner jetzigen Gemeinde mache ich Besuche. Es wäre so schön, wenn ich nicht nur persönliche Bekannte, sondern zugleich lebendige Glieder unserer Gemeinde gewinnen würde!

Mit freundlichen Grüßen

Ihre Frau T.

Liebe Frau T.,
Sie blicken auf ein reiches Feld von Erfahrungen im Besuchsdienst zurück und haben genau die Nöte angesprochen, die andere Mitarbeiter auch haben. Nicht nur nach einem einzelnen Besuch, sondern gerade auch im Rückblick auf die Summe vieler Besuche stellt sich die Frage: Was ist denn nun dabei herausgekommen? Haben sich meine Mühe und meine Arbeit gelohnt? Drei Antworten höre ich aus Ihrem Brief heraus:
Sie sagen, daß Sie noch heute Freude empfinden, wenn Sie wieder einmal in Ihrer ehemaligen Gemeinde sind und die Gesichter wiederentdecken, die Sie damals besucht haben. Offensichtlich freuen sich diese Menschen auch über Sie. Dann tauchen Sie in die alte Kirche ein, wie in eine andere Welt, und werden reich beschenkt, auch wenn kein Gottesdienst ist. Es scheinen keine Menschen zu sein, von denen Sie da beschenkt werden. Ein anderer macht Sie reich.
Auch von Menschen sind Sie und Ihre Tochter beschenkt worden. Pralinen und Schokolade hat man Ihnen gegeben. Warum wohl? Mir scheint, die Leute wollten Ihnen ein Gegengeschenk machen für etwas, das sie von Ihnen erhalten haben. Was war es denn, was Sie den Menschen gegeben haben? Das war Freude über das Flötenspiel, die Freude über ein offenes Ohr und über ein paar freundliche Worte. Oder war es noch mehr? Vielleicht haben Ihre Gesprächspartner empfunden, daß die Welt warm bleibt, solange es Menschen gibt, die die Mauern der Gleichgültigkeit durchbrechen und auf andere zugehen, um Anteil zu nehmen. Vielleicht haben diese Leute sogar etwas von dem geahnt, was Sie bewog hinzugehen, etwas von der großen Barmherzigkeit Christi, der hinging zu den Menschen, sich mit ihnen an einen Tisch setzte und einfach für sie da war. Die Leute, die Ihnen Pralinen schenkten, wollten sich jedenfalls für etwas bedanken bei Ihnen, was für sie wichtig war.
Und dann spüre ich Ihre Unzufriedenheit. Sie wollten den Menschen eine andere Nähe schenken, nicht nur Ihre menschliche Nähe. Aber die wollten nicht. Teilhaben an der Gemeinde, dem Leib Christi, wollten sie nicht. Kein

einziger ist auf Dauer heimisch geworden. Sie wollten die Menschen einladen in die Beziehung zu Gott, aber den Leuten war das freundliche Gespräch mit Ihnen genug Beziehung. Das ist so enttäuschend, wie wenn sich einer an der Verpackung freut und mein Geschenk wegwirft.
Ich kann Ihre Enttäuschung verstehen. Viele Menschen, die das Evangelium weitergeben wollen, erleben sie ähnlich. Und gerade deshalb möchte ich Sie fragen, warum in der Summe dieses Lebensabschnitts so viel Freude geblieben ist. Ich denke, es hängt mit dem zusammen, daß Sie beschenkt worden sind, von den Menschen mit Pralinen und mit ihrer Freude – und noch einmal ganz anders in der leeren alten Kirche. In diesem Raum, in den Sie da eintauchen, wird mit anderem Maß gemessen. Draußen wird gefragt: „Wieviel hast du zusammengekriegt? Wie groß war deine Beute?" Drinnen wird gefragt: „Bist du hingegangen, so wie ich es wollte, ohne auf den Erfolg zu schielen? Hast du um meinetwillen gegeben? Dann ist es gut. Es hat einen ewigen Wert."

So können wir in großer Gelassenheit das tun, was unsere Aufgabe ist, ohne dauernd um den sichtbaren Erfolg bangen zu müssen. Im Reich Gottes sind wir wie der Sämann in Mk 4,26f. Wir säen, aber das Wachsen können wir nicht machen. Es wächst, wenn wir schlafen, ohne daß wir es merken und manchmal anders, als wir es uns vorgestellt haben.

Natürlich dürfen wir uns nie über die kritische Rückfrage hinwegsetzen, ob wir geschickt genug waren, ob wir nicht manches hätten methodisch besser machen können. Wir sollen dazulernen. Aber wir brauchen nicht zu verzagen.
Für die Besuche in Ihrer Gemeinde wünsche ich Ihnen viel Freude.

Ihr W.R.

War der Besuch missionarisch genug?

Viele Besuchsdienstmitarbeiter werden über ihr Tun nicht recht froh, weil sie vom Zweifel geplagt werden, ob sie das, was sie „eigentlich" wollen und sollen, auch wirklich erreichen. Selbst wenn sie freundlich aufgenommen wurden, wenn es ihnen gelungen ist, eine warme menschliche Beziehung anzuknüpfen,

bleibt oft das resignierte Gefühl zurück: „Es ist halt doch alles im Raum des Menschlichen geblieben.“ Der Bereich des Geistlichen ist nicht zur Sprache gekommen. Es wurde nicht vom Glauben gesprochen, und es wurde nicht gebetet. Bei aller menschlichen Freundlichkeit – hat da nicht das Entscheidende gefehlt? Oder es bleibt die Frage, was unsere Besuche für den Gemeindeaufbau bringen, wenn kaum jemand dadurch veranlaßt wird, an den Veranstaltungen unserer Gemeinde regelmäßig teilzunehmen. Der Besuch genügt oft einem unklar empfundenen missionarischen Anspruch nicht.
Meist scheuen sich die Mitarbeiter, die eigenen Erwartungen auszusprechen oder auch nur sie sich einzugestehen und ganz ungeschminkt zu sagen: „Ich will Menschen für den Glauben oder doch zumindest für unsere Gemeinde gewinnen.“ Das klingt aufdringlich, und so will keiner sein. Aber hinterher bleibt ein Gefühl von Enttäuschung zurück, das nicht verarbeitet werden kann, weil die enttäuschten Erwartungen nicht ausgesprochen werden konnten.
Eine andere Konzeption von Gemeindearbeit versucht, dieses Problem zu umgehen, indem sie das Missionarische grundsätzlich aus ihren Zielen streicht und Gemeindearbeit, und darin auch den Besuchsdienst, ausschließlich als Diakonie versteht. Dann gehören unsere Besuche zu den selbstlosen Diensten, die wir als Christen um der Menschen willen in der Welt tun. Wir bringen menschliche Wärme und Anteilnahme in eine kalte, unpersönliche Welt. Da ereignet sich etwas auf der Horizontalen Achse zwischen Menschen. Dieses zwischenmenschliche Geschehen trägt seinen Sinn in sich selber. Gegen eine missionarische Zielsetzung wird eingewendet, daß sie die menschliche Begegnung entwerte. Es gehe dann „eigentlich“ nicht mehr um die menschliche Anteilnahme, sondern um Werbung, die eine gesellschaftliche Gruppe für sich und ihre Weltanschauung betreibt. Wenn dies „das Eigentliche“ sei, dann müsse das Menschliche darunter leiden.
Hier wird eine Gefährdung, in der die Mission steht, richtig gesehen. Viele Missionspraktiken sind ihr so sehr erlegen und haben dabei das Bild von Mission so sehr geprägt, daß in unserer Kirche Mission z.T. grundsätzlich abgelehnt wird. Andererseits muß zurückgefragt werden, was aus der vertikalen Achse der Gemeinde und ihres Handelns wird, wenn alles ausschließlich als zwischenmenschliches Geschehen verstanden wird. Sicher ist es ein Kurzschluß, diese Dimension als weltanschauliche Enge und als Vereinsinteresse abzutun.
Ein Blick auf das Geschehen im Abendmahl könnte uns hier weiterhelfen. Der objektive Beobachter sieht, wie Menschen miteinander zum Altar gehen, Brot wird gebrochen oder ausgeteilt und ein Kelch mit Wein oder Traubensaft herumgereicht. Eine Mahlzeit wurde zu einem Ritus verdichtet. Was geschieht da? Da sind Brot, Wein und Menschen, die ihrer Sehnsucht nach Nähe und Gemeinschaft Ausdruck geben. Aber ist das alles? Christus hat über dem Brot

gesprochen „Das ist mein Leib“ und über dem Wein „Das ist mein Blut“, und er hat der Gemeinschaft der Zwei oder Drei, die in seinem Namen versammelt sind, verheißen, er wolle mitten unter ihnen sein. Wir glauben also, daß seit Jesus Christus im Irdischen das Himmlische und im Menschlichen Gott selber für uns da ist. Dem Brot sieht man es nicht an. Es muß keine Oblate sein, und es muß kein Kreuz hineingebacken sein, damit das Wunder geschehen kann. Es darf vom gleichen sein, das wir als Vesperbrot essen.
Warum sollte dann bei unseren Besuchen die Verheißung nicht auch dem Menschlichen gelten? Wenn wir hingehen, weil Christus hinging, sind wir dann mit den Besuchten nicht auch im Namen Christi versammelt? Was muß dann noch dazukommen, damit er dabei ist? Ist er nur dabei, wenn von ihm gesprochen wird? Genügt es nicht, wenn der Besuch in seinem Namen geschieht? In seinem Namen, das heißt in seinem Geist: So offen für die Freude und die Not der Menschen wie er. So wie er: nicht von oben herunter, sondern als Bruder. So wie er, der sich zu denen setzte, die der religiösen Norm nicht entsprachen, und sie nicht mit Vorwürfen und Forderungen überhäufte, sondern sie mit voraussetzungsloser Liebe beschenkte.
Wir können vom Glauben reden, wenn die Zeit da ist. Aber wir müssen es nicht. Das macht uns offen und aufmerksam für das, was unser Gesprächspartner jetzt braucht. Das ermöglicht uns erst ein wirkliches Hingehen.
Es war ein guter Besuch, wenn er im Geist Jesu Christi geschah. Dazu ist es nicht notwendig, daß wir auf biblische oder theologische Themen zu sprechen kamen. Wir werden in der Regel auch nicht mit dem Besuchten beten. Das alles kann sein, ist aber keine Bedingung. Wir können uns vertrauensvoll dem ausliefern, was sich fügt und ergibt, wenn wir in Christi Geist kommen. Wir sollten ein Gespür dafür entwickeln, was dran ist.
In jedem Fall ist unser Besuch ein Zeichen. Wenn dieses Zeichen auf eine intolerante religiöse Ideologie hinweist, dann war es ein abstoßender Besuch, auch wenn aus der Bibel vorgelesen wurde. Wenn es ein Zeichen der Liebe Christi war, dann war es ein missionarischer Besuch, auch wenn die Themen des Glaubens nicht ausgesprochen wurden.
Es ist ein Mißverständnis zu meinen, das Evangelium werde nur mit Worten verkündigt und missionarisches Wirken erschöpfe sich in der Bekehrungspredigt. In allem, was wir tun mit Worten und mit Werken, geschieht Evangelium, wenn wir es im Geist Jesu Christi tun. Dort, wo wir Menschen in seinem Geist begegnen, verkündigen wir zeichenhaft das Evangelium. In diesem Sinne üben wir Mission und Seelsorge. Mission ist zuerst ein „Sein in Christus“ und erst dann ein Reden. Das Reden braucht die begleitenden Zeichen des gelebten Evangeliums, sonst wird es kraftlos.

War der Besuch seelsorgerlich genug?

Ein weiterer Grund soll genannt werden, aus dem Besuchsdienstmitarbeiter ihrer Arbeit nicht so recht froh werden. Das ist der Anspruch, ein seelsorgerliches Gespräch führen zu sollen, und die Befürchtung, diesem Anspruch nicht gerecht zu werden. „Wir haben nur über ganz alltägliche Dinge miteinander geredet. Ein seelsorgerliches Gespräch war das sicher nicht. Seelsorge ist eben doch Sache des Pfarrers“, so etwa lauten die Bilanzen. In diesen Sätzen ist eine Portion Enttäuschung zu spüren, aber doch auch eine gewisse Erleichterung. Enttäuschung, weil der Besuch dann nicht so bedeutungsvoll war, Erleichterung, weil der Mitarbeiter dann dem erdrückenden Anspruch, er müsse „Seelsorge leisten“, nicht gerecht zu werden braucht.
Offenbar sind die Vorstellungen und Erwartungen, die sich mit dem Begriff „Seelsorge“ verbinden, sehr „hochtrabend“: Seelsorge geschieht nur in Lebenskrisen; in der Seelsorge geht es um die letzten und tiefsten Fragen des Glaubens und Lebens, und der Seelsorger kann darauf Antwort geben, so meinen wohl viele. Ältere Lehrbücher verstehen Seelsorge als Verkündigung des Evangeliums für eine einzelne Person und in ihre konkrete Lebenssituation hinein.
Die Seelsorge des Pfarrers wird wahrscheinlich auch deshalb so selten in Anspruch genommen, weil es im täglichen Leben meist nur um die vorletzten Fragen geht. Auf diese Fragen kann man nicht einfach Ratschläge geben oder mit der Verkündigung einer feststehenden Botschaft von der Erlösung antworten. Hier suchen wir nicht jemanden, der ewige Wahrheiten austeilt, sondern jemanden, der mit uns unsere Fragen durchbuchstabiert. So versteht sich die psychologisch orientierte Seelsorge. Ihr Medium ist nicht der seelsorgerliche Rat, sondern das anteilnehmende Gespräch. Inwiefern geschieht in einem solchen Gespräch Seelsorge?
Es gibt unterschiedliche Formen des Gesprächs. In Sitzungen werden Sachfragen erörtert, im Werbegespräch soll die Meinung und die Entscheidung von Menschen beeinflußt werden, bei Einladungen wird amüsiert geplaudert. Die Reihe der Beispiele ließe sich fortsetzen. Das anteilnehmende und anteilgebende Gespräch aber scheint es selten zu geben. Zugleich aber scheint ein großes Bedürfnis danach vorhanden zu sein, vielleicht weil die Suche nach Orientierung zunimmt. Die Wartelisten bei Beratungsstellen und Therapeuten und das Angebot anderer Ratgeber belegen dies. Führen wir schon Seelsorgegespräche, wenn wir uns diesem Aussprachebedürfnis zur Verfügung stellen?
Im anteilnehmenden Gespräch geht es nicht um Sach-, sondern um „Personenfragen“. Hier kann jemand von etwas erzählen, das nur darum wichtig ist, weil es für ihn von Bedeutung ist. Dabei teilt er in erster Linie nicht etwas mit,

sondern er teilt sich mit. Wenn ein Mensch sich im Gespräch öffnet und uns hineinschauen läßt in die Tiefen seiner Seele, wo er nach Sinn und Wahrheit ringt, dann dürfen wir dies dankbar und ehrfurchtsvoll als Zeichen seines Vertrauens annehmen. Ihm zuhören heißt, ihn als Menschen wichtig nehmen. Manchmal geht es um die großen Lebensfragen. Manchmal geht es um alltägliche Erlebnisse, die jemand im Gespräch verarbeiten möchte. Auch das ist Seelsorge. Entscheidend ist nicht, ob jemand große oder kleine Probleme hat, sondern in welchem Geist der Seelsorger dem anderen begegnet.

Für Seelsorge ist einmal charakteristisch, daß sie sich auf einen einzelnen Menschen und seine Lebenssituation einlassen will. Seelsorge hatte so betrachtet immer schon eine „Hingehstruktur". Impulse aus der Psychotherapie haben die Notwendigkeit des Eingehens auf den Einzelmenschen unterstrichen und zugleich neue Wege dazu eröffnet. Wo wir uns also im Besuchsdienst dem einzelnen in seiner Lebenslage zuwenden, üben wir in diesem Sinne Seelsorge, auch wenn es nicht um die großen Lebenskrisen, sondern um Alltagsfragen geht.

Zum andern geschieht christliche Seelsorge bewußt im Angesicht des biblischen Gottes. Ich weiß es als Seelsorger. Alles, was ich tue mit Worten und mit Werken, tue ich vor diesem Hintergrund. Und mein Gesprächspartner weiß es auch. Er weiß, wer ich bin und woher mein Engagement kommt. Er mag mich im Augenblick vielleicht nicht daraufhin ansprechen. Wahrscheinlich sind wir beide so sehr ins Gespräch vertieft, daß wir nicht immer an Gott denken. Und doch ist er, ausgesprochen oder nicht, „der Dritte im Bunde", die stillschweigende Voraussetzung unserer Begegnung. Wenn die Zeit reif ist, wird auch von dieser Voraussetzung geredet werden. Vorerst kann sie im Hintergrund bleiben, damit dieser Mensch sich aussprechen kann.

Vielleicht machen es diese Überlegungen manchen Mitarbeitern noch schwerer. Wenn das, was wir tun, Seelsorge ist, dann fragen sie sich erst recht: „War mein Gespräch seelsorgerlich genug? War ich sensibel genug zu spüren, was für meinen Gesprächspartner wichtig war? Habe ich ihm die Nähe und das Verständnis schenken können, die er gebraucht oder von mir erwartet hat?"

In der Tat wird damit der Ernst unserer Aufgabe deutlich. Wir dürfen sie nicht auf die leichte Schulter nehmen und drauflosreden. Zur Haushalterschaft gehört die Verantwortung, die wir vor Gott und gegenüber unseren Gesprächspartnern haben.

Gerade wer sich dieser Verantwortung stellt, wird rückblickend immer wieder feststellen, daß er anderen etwas schuldig geblieben ist, daß er nicht sensibel genug war und noch verständnisvoller hätte reagieren können. Es bleibt immer ein Rest an Liebe, den ich schuldig bleibe, sowohl gegenüber meinen Angehörigen als auch gegenüber meinen Mitmenschen.

Da ist es gut zu wissen, daß wir die Welt nicht zu erlösen und das letzte Heil

nicht zu bringen brauchen. Wir sind Teil einer gefallenen Welt und brauchen darum nicht vollkommen zu sein, sondern dürfen selber Vergebung in Anspruch nehmen. Wir kommen ja nicht privat, sondern im Auftrag eines anderen. Der Satz Jesu „Wer euch aufnimmt, der nimmt mich auf" (Mt 10,48) ist eine der Voraussetzungen unseres Tuns. Unsere Besuche sind nicht nur Teil einer gefallenen Welt, sondern gehören zugleich in diesen Zusammenhang. Nicht wir allein sind am Werk. Was uns nicht gelungen ist, wird im Zusammenhang mit dem Werk Christi vollendet werden.
Das Wissen, daß mit uns Christus selber kommt, wird uns, wenn wir es recht verstehen, nicht eingebildet, sondern bescheiden machen. Als kleiner Teil eines großen Werks macht unser Ich nicht das Wesentliche. Es stellt sich zu Verfügung und kann getrost ein unvollkommenes Gespräch aus der Hand geben. Der es angefangen hat, wird es auch vollenden.

- Was sehen die „altgedienten" Mitarbeiter in Ihrer Gruppe als Ergebnis ihrer Arbeit an?
- Warum empfinden Sie manches als Erfolg, anderes als Mißerfolg? Woher nehmen Sie Ihre Maßstäbe?
- Welche Rolle spielt dabei das „Menschen gewinnen" im Vergleich zu „ein Zeichen der Liebe Gottes sein"?
- Wie wichtig ist es für Sie, daß der Erfolg zählbar ist?

12.

Sollen wir vom Glauben sprechen?

Eine Grundfrage unserer Arbeit

Wie ein roter Faden hat sich die Frage „Sollen wir vom Glauben sprechen?" durch alles hingezogen, was bisher in diesem Buch besprochen wurde. Sie ist die Grundfrage kirchlicher Besuchsarbeit: Sollen wir bei unseren Besuchen von dem reden, was uns dazu motiviert? Müssen wir es nicht sogar, wenn wir unseren Auftrag ernst nehmen wollen? Sind andere Themen im Vergleich dazu nicht Nebensache? Oder können wir unser Ziel auch erreichen, wenn wir nicht vom Gauben sprechen?
Für einige Mitarbeiter geht es unter dieser Fragestellung vor allem um die Suche nach geeigneten Methoden: „Wie machen wir das am geschicktesten, daß wir auch auf den Glauben zu sprechen kommen?" Die Mehrzahl der Mitarbeiter aber ist hin- und hergerissen zwischen dem Wunsch, den Sendungsauftrag Jesu erfüllen zu wollen, und der Befürchtung, den Menschen und der Situation des Hausbesuchs nicht gerecht und darum abgelehnt zu werden.
Überall dort, wo wir in der Praxis auf dieses Problem stoßen, haben wir uns schon in den vorigen Kapiteln Teilantworten erarbeitet. Für viele Mitarbeiter scheint es von zentraler Bedeutung zu sein. Zwischen den verschiedenen theologischen Richtungen wird mit Leidenschaft darüber gestritten, denn es steht für eine Grundfrage der Gemeindearbeit: Wie und wann muß im sozialen Engagement der Kirche ihr Glaube erkennbar sein? Darum soll diesem Thema ein eigenes Kapitel gewidmet werden, in dem die bisherigen Ergebnisse zusammengefaßt und vertieft werden.

Was hindert uns, vom Glauben zu sprechen?

a. Die Furcht, auf Fragen nicht antworten zu können:
„Da sind einmal die Informationsfragen: Jemand will z. B. wissen, was zu einem bestimmten Thema in der Bibel steht – und ich kann nicht antworten, ich, der gekommen ist, um über den Glauben zu reden. Noch schlimmer wären die Verstehensfragen. Wie stehe ich da, wenn ich eingestehen muß, daß ich selber so viel nicht verstehe, was mit dem Glauben zu tun hat?"

b. Die Befürchtung, damit die Menschen zu überfahren:
„Ich habe oft den Eindruck, die Leute wollen gar nicht über den Glauben reden. Ich müßte dann mein Thema durchsetzen, möglicherweise gegen die Widerstände meines Gesprächspartners. Da ich ihn aber als Partner ernst nehmen und auf ihn eingehen will, möchte ich mich lieber zurückhalten. Glaubensthemen sind heiße Eisen. Wenn ich solche Themen anschneide, dann setze ich einen sehr starken Impuls, der verhindern kann, daß das als Thema ‚hochkommt', was dem Besuchten wichtig ist."

c. Die Befürchtung, zu theoretisieren:
„Wie soll das praktisch aussehen, ‚vom Glauben reden'? Soll ich vielleicht Katechismussätze aufsagen an den Haustüren? Ich fürchte, das wären theoretische Sätze, die weit entfernt sind vom Leben der Menschen, leere Lehren. Mein Gesprächspartner müßte sie anerkennen als Wahrheiten, die man eben glauben muß, um den rechten Glauben zu haben."

d. Die Befürchtung, Gräben aufzureißen:
„Wenn ich komme und vom Glauben reden will, dann bin ich doch automatisch in der Rolle dessen, der den anderen den rechten Glauben bringen will. D.h., ich gebe ihnen zu verstehen, daß sie den rechten Glauben nicht haben. Damit reiße ich Gräben auf. Gleichzeitig zwinge ich meine Gesprächspartner, sich zu verteidigen und mich anzugreifen."

e. Die Befürchtung, selber haftbar gemacht zu werden:
„Irgendwann werden die Leute sagen: ‚Du willst uns den rechten Glauben lehren? Bist du denn ein besserer Mensch als wir? Wie sieht es denn in deinem Leben aus? Hast du das verwirklicht, was du uns lehren willst?' Dann müßte ich eingestehen, selber ein sehr unvollkommener Christ zu sein. Was bedeutet ‚glauben' für mich? Welche Erfahrungen habe ich damit gemacht? Habe ich überhaupt eigene Erfahrungen mit dem Glauben? Ist der Glaube der Kirche jemals zu meinem persönlichen Glauben geworden?"

f. Die Befürchtung, die eigenen Glaubenserfahrungen seien zu unbedeutend und zu subjektiv:
„Ich habe keine sensationellen Gebetserhörungen, keine Wunder und keine Visionen erlebt. Der Glaube gibt mir einen gewissen Halt. Manchmal fühle ich mich erleichtert, wenn ich etwas, das mich bedrückt, im Gebet aussprechen kann. Nach einer Predigt über das Reich Gottes ging ich neulich beglückt und zuversichtlich nach Hause. Aber das sind doch alles keine Erfahrungen, die ich als vorbildlich hinstellen könnte. Es sind meine ganz persönlichen Erlebnisse. Was sollen andere damit anfangen?"

g. Die Befürchtung, in die Rolle des Glaubenshelden gesteckt zu werden, der ich nicht bin:
„Die ganze Rolle des Glaubenszeugen liegt mir nicht. Mein Glaube ist nichts, was ich voll Stolz vorweisen könnte. Ich habe selber viele Fragen. Da ist sicher etwas am Wachsen und im Werden. Im Wesentlichen ist mein Glaube ein Unterwegssein. Von so etwas Unfertigem kann ich doch nicht reden. Sollen es die tun, die von sich sagen können, daß sie schon etwas erreicht haben im Glauben."

h. Mangelnde Übung, den eigenen Glauben in Worte zu kleiden:
„Ich kann das so schlecht beschreiben, was der Glaube für mich ist. Wie soll ich jemandem z. B. erklären, was mir das Gebet bedeutet? Es ist für mich kein Wunscherfüllungsautomat und auch kein Reden in den luftleeren Raum. Es tut eben irgendwie gut. Ich weiß nicht, wie ich das erklären soll. Ich finde kaum passende Worte dafür; manche Sätze sind mir zu hochgestochen, andere wieder zu banal."

i. Die Furcht, nicht akzeptiert zu werden:
„Ich möchte möglichst eine gute Figur machen. In den meisten der genannten Situationen wäre das nicht der Fall. Außerdem: Der moderne Mensch ist aufgeklärt. Er hat den Glauben nicht nötig. Gläubig sein hat einen Geruch von Rückständigkeit. Das macht es mir schwer, mich mit dem Glauben zu identifizieren. Lieber gebe ich mich sozial engagiert. Ich rede lieber von Themen, die unterhaltsam oder anerkanntermaßen wichtig sind. Ich möchte akzeptiert werden."

j. Die Scheu, heilige Räume zu betreten:
„Wenn ich von Gott rede, betrete ich heiliges Land, wie Mose (2 Mose 3). Der Ort in mir, an dem ich mich manchmal von Gott angerührt fühle, ist heilig. Was ich vielleicht sagen könnte, ist etwas sehr Persönliches, Intimes. Ich scheue mich, das jedem auf die Nase zu binden. Die Religionswissenschaftler sagen: ‚Das Thema ist tabu.' Auch mein Gesprächspart-

ner hat wahrscheinlich einen Ort in seiner Seele, an dem er sich schon von Gott angesprochen fühlte. Auch dieser Ort ist heilig, für ihn und für mich. Ich darf nicht einfach hineinstolpern. Es gibt ein Geheimnis des Glaubens, mit dem ich nicht Prostitution treiben will."

Was nötigt uns, vom Glauben zu sprechen?

a. Die Notwendigkeit zu sagen, warum wir kommen:
„Ich bin nicht in der Rolle eines Beraters, der sich abwartend im Stuhl zurücklehnen und fragen kann: ‚Was führt Sie zu mir? Was ist Ihr Anliegen?' Ich bin gekommen, und der andere hat das Recht zu fragen, was mich zu ihm führt. Auch wenn die Frage nicht ausgesprochen wird, steht sie im Raum. Ich kann antworten: ‚Weil ich Sie begrüßen möchte.' Aber das ist nur ein vordergründiger Grund. Der andere könnte zurückfragen: ‚Warum wollen Sie mich begrüßen?' usw. Irgendwie hat mein Besuch letzten Endes mit meinem Glauben zu tun. Ich wäre unaufrichtig und würde dem anderen etwas vorenthalten, wenn ich diese letzte Ursache verbergen wollte. Wir sollten also sagen können, warum wir gekommen sind. Dafür sollten wir eine Formulierung finden, mit der wir zugleich ein einladendes Kommunikationsangebot machen."

b. Mein Wunsch, ganz sein zu dürfen:
„Wenn ich von meinem Glauben grundsätzlich schweigen würde, würde ich nicht nur meinem Gesprächspartner etwas schuldig bleiben, sondern auch mir selber. Mein Glaube gehört zu mir, und zwar viel mehr als z. B. ein Hobby, das auch ein Teil meiner Persönlichkeit ist. Der Glaube dagegen ist etwas ganz Zentrales. Wenn ich ihn verschweigen würde, wäre das ungefähr so, wie wenn ich verbergen würde, ob ich Mann oder Frau bin. Wenn ich ganz sein will, muß ich meinen Glauben leben. Das heißt, ich sollte gelegentlich auch angemessen davon reden können."

c. Der Wunsch meines Gesprächspartners, ganz sein zu dürfen:
„Auch für meinen Gesprächspartner gibt es etwas, das ihn im Innersten bewegt und ihn zugleich in seinem Handeln motiviert. Vielleicht kennt er dieses ‚Etwas' und kann es entfalten, vielleicht hat er nur eine ganz vage Vorstellung davon, oder es ist ihm völlig unbewußt. Vielleicht nennt er es ‚Glaube', vielleicht hat er auch ein anderes Wort dafür oder gar keines. Auch für ihn ist es ganz wichtig, dieses ‚Etwas' darstellen zu können, auch mit Worten, um sich bewußt in Beziehung dazu setzen zu können. Wenn ich selber meinen Glauben angemessen, ohne Zwang und Scheu aussprechen kann, dann ist das auch für ihn eine Befreiung. Ich erleichtere es ihm

damit, diesen zentralen Teil seiner Person zu begreifen. Wenn das Berühren des Tabus nicht peinlich ist, wird es zur Befreiung."

d. Weil es unser Thema ist:
„Wenn der Kaminkehrer kommt und meine Heizung überprüft, rede ich mit ihm über den Wirkungsgrad und das Rußbild der Heizung. Das ist sein Fachgebiet. Mit der Frau, die sich bei Asylanten engagiert, spreche ich gern über die Erfahrungen, die sie dort macht. Wie wäre es, wenn der Kaminkehrer mir von seinem Auto und vom gestrigen Fernsehfilm erzählen würde, sich aber dagegen sträuben würde, über die Heizung zu reden, oder wenn meine Bekannte mit spürbarem Unbehagen reagieren würde, wenn wir auf ihre Besuche bei Asylanten zu sprechen kämen?
Daß Leute, die von der Kirche kommen, eine Beziehung zu allem haben, was mit Glauben und Gemeinde zu tun hat, sollte ganz natürlich sein. Sie sollten davon reden können, freilich nicht zwanghaft davon reden wollen oder müssen."

- Welcher dieser Gesichtspunkte ist für Sie selber besonders wichtig? Welcher spielt bei Ihnen keine Rolle? Welcher Punkt, der Ihnen wichtig ist, wurde hier nicht genannt?
- Sprechen Sie in der Besuchsdienstgruppe miteinander darüber, wie die einzelnen Mitglieder ihren Wunsch und ihre Scheu, vom Glauben zu sprechen, erleben.

Wie und wann vom Glauben sprechen?

Bei dieser Gegenüberstellung dürfte deutlich geworden sein, daß beide Impulse ihr theologisches und ihr seelsorgerliches Recht haben, der Impuls, der uns reden, und der, der uns zögern läßt. Wir müssen also denen widerstehen, die die Bedenken der Zögerer als Verrat am Sendungsauftrag Jesu diffamieren und verlangen, der Besuchsdienst müsse in die Häuser gehen und „zur Sache kommen". Und wir müssen denen widerstehen, die in jedem Bemühen, einem Glaubensgespräch den Weg zu bereiten, schon den Versuch sehen, den Gesprächspartner zum Missionsobjekt zu machen, und daher das Thema Glauben am liebsten ausklammern wollen. Wir werden also auf die Gefahren achten, vor der uns die eine Seite warnen will, und uns zugleich in Bewegung setzen lassen von den Motiven, die aus dem Glauben selber kommen.

Eine der wichtigsten Voraussetzungen, angemessen vom Glauben reden zu können, ist wohl, daß wir uns von dem Anspruch frei machen, davon reden zu

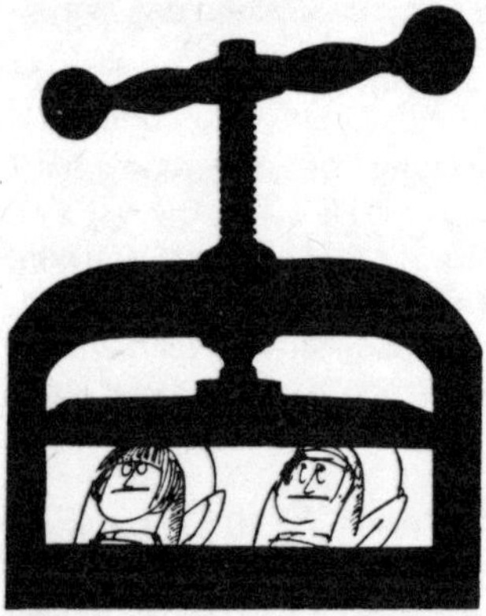

müssen, weil sonst der Besuch kein „richtiger Besuch" war. Dadurch würden beide, der Besucher und der Besuchte, unter Druck gesetzt. Das Evangelium ist eine Botschaft, die froh macht, weil sie frei macht. Wenn das Glaubensgespräch in einer gezwungenen Atmosphäre verläuft, ist der Geist des Evangeliums verloren, auch wenn wir seine Worte wiederholen. Auch hier gilt, daß der Buchstabe tötet, der Geist aber lebendig macht. Ob sich ein Gespräch über Glaubensthemen ergibt, hängt entscheidend von der Bereitschaft unseres Gesprächspartners ab und davon, welche Themen ihm in seiner gegenwärtigen Lebenslage wichtig sind.

Nicht nur ob ein Glaubensgespräch zustande kommt, sondern auch seine Inhalte hängen von den Interessen und den momentanen Möglichkeiten unseres Gesprächspartners ab. „Ob ich wohl immer dazu etwas sagen kann?", so lautet die bange Frage vieler Mitarbeiter. „Sorget nicht, was ihr sagen sollt"[1], antwortete Jesus seinen Jüngern, als sie sich unsicher fühlten und nicht wußten, wie sie ihren Glauben vertreten sollten vor Menschen und sogar vor Gerichten. Vielleicht hatten sie Jesus gebeten: „Gib uns die ewige Wahrheit doch in festen Glaubenssätzen, damit wir etwas in der Hand haben. Kannst du uns nicht eine gute Argumentationstaktik beibringen, mit der wir die anderen auf unsere Seite ziehen können?" Jesus verweigert sich dieser Vorsorge, die falsche Sicherheit will, indem sie das Gespräch über den Glauben festlegt. „Der Heilige Geist wird euch in dieser Stunde lehren, was ihr sagen sollt." Damit schafft er eine offene Situation für das Gespräch. Die Jünger sollen sich auf die Menschen, die ihnen begegnen, einlassen. Dabei wird ihnen der Heilige Geist helfen. Es gibt in allem Reden vom Glauben etwas Unverfügbares, das sich nicht durch Methoden oder festes Wissen in den Griff kriegen läßt. Es ergibt sich. Der Geist schenkt sich. Er ist die unverfügbare zweite Voraussetzung für ein Glaubensgespräch. Er gibt ein rechtes Wort zur rechten Stunde. Wer eigenmächtig geistlos vom Glauben redet, sündigt mehr als der, der gegen den Glauben redet.[2]

Dieselbe Forderung nach Offenheit hat Jesus schon in seiner Aussendungsrede an seine Jünger gerichtet, als er sie zu den Menschen sandte, ohne daß sie etwas in der Hand haben, schutzlos wie Schafe unter den Wölfen.[3] Wer in so

1 Lk 12,8-12.
2 So verstehe ich Lk 12,10 im Zusammenhang.
3 Noch einmal Lk 10,3ff.

großer Offenheit geht, der liefert sich aus, wird angreifbar und verletzlich. Aber gerade damit stellt er sich in die Nachfolge Jesu, der sich auslieferte und sich verletzen ließ. Sich nicht behaupten wollen, sondern sich ausliefern, das hat etwas mit der Bereitschaft zu tun, mit Christus zu sterben.[4] Wer sich so auf die Seite Jesu stellt, auf dessen Seite wird er sich stellen.
Für uns heißt das, daß wir gerade im Gespräch über den Glauben nicht nach einem bestimmten Schema vorgehen können, das wir uns vorher zurechtgelegt haben und von dem wir nicht abweichen. Wir haben Glauben nicht wie einen reichen Schatz von Glaubenssätzen, den wir nur unter die Leute zu bringen bräuchten. In diesem Augenblick sind wir nicht die, die haben, und die anderen sind die Habenichtse. Beide, der Besucher wie der Besuchte, sind Empfangende und darauf angewiesen, daß der Geist sich schenkt. Ein Glaubensgespräch können wir nicht machen. Es ereignet sich.
Daraus ergibt sich von selbst eine dritte wichtige Voraussetzung für das Glaubensgespräch: Jede Überheblichkeit gegenüber unserem Gesprächspartner ist uns verwehrt. Wir reden nicht von oben herab als die Wissenden zu Dummen, auch nicht als die moralisch Überlegenen zu den Irrenden. Gerade wenn wir vom Glauben reden, muß uns unsere eigene Unvollkommenheit bewußt bleiben. Sonst wird Mission zur praktizierten Selbstgerechtigkeit und zur offensiven Selbstrechtfertigung.
Wir dürfen die Glaubensüberzeugung unseres Gesprächspartners nicht geringschätzen oder madig machen, auch wenn uns sein Glaube sehr unreif und seine Ansichten unbiblisch erscheinen. Das bedeutet nicht, daß wir allem und jedem zustimmen müßten, weil alles gleich-gültig wäre. Ein Blick auf Joh 4 mag uns das verdeutlichen. Dort begegnet Jesus einer Samaritanerin, für die jeder fromme Jude nur Verachtung übrig hätte. Ihr Glauben und ihr Lebenswandel sind schlicht inakzeptabel. Jesus eröffnet die Begegnung, indem er sie um Wasser bittet. Weil er bereit ist, von ihr etwas anzunehmen, läßt sie sich von ihm etwas sagen. Jesus nennt die Dinge beim Namen, mit denen er nicht einverstanden sein kann, aber nicht aus einer Position der Überheblichkeit, sondern der Demut heraus. Wir erinnern uns an den Satz aus der Aussendungsrede: „Eßt, was euch vorgesetzt wird!" Hier könnten wir hinzufügen: „ . . .und rümpft nicht die Nase über den, der euch nur gewöhnliches Wasser geben kann, wo ihr doch das Wasser des ewigen Lebens bringen wollt".
Wenn wir einem Gesprächspartner zu verstehen geben, daß er uns nicht einmal das Wasser reichen kann, wird es zu keiner Begegnung und auch zu keinem Glaubensgespräch kommen. Es wäre sicher ein hilfreicher Einstieg, wenn wir etwas finden würden, das der andere uns geben kann, so daß auch in dieser Hinsicht klar wird: Wir sind beide Empfangende.

4 Davon redet Paulus z. B. in Röm 6,3ff.

Was können wir lernen?[5]

Aus dem Gesagten ist deutlich geworden, daß wir keine starren Methoden oder festgeschriebenen Glaubenslehren lernen können, die in einem Glaubensgespräch „durchzuziehen" wären. Wir können aber lernen zu beseitigen, was ein solches Gespräch hindern würde. Das wäre in erster Linie unser eigener Widerstand und unsere Unsicherheit.
Wir können lernen, unsere Motive, die uns nötigen bzw. hindern, vom Glauben zu reden, besser zu verstehen. Der erste Schritt wäre, sie auszusprechen. Auch dafür ist die Besuchsdienstgruppe der geeignete Ort.

- Wir könnten z. B. Zweiergruppen bilden, in denen ein Partner eher für, der andere eher gegen Glaubensgespräche eingestellt ist. Der eine teilt nun dem anderen mit, wie es ihm ergeht bei der Vorstellung, vom Glauben reden zu sollen. Der andere hört zu und versucht, so genau wie möglich zu verstehen und zu sagen, was er verstanden hat. Dann werden die Rollen vertauscht. Schließlich versuchen sie, einen Weg zu finden, den beide gehen können.
- Wir können weiter lernen, ein akzeptables Gesprächsangebot zu machen. Dabei wollen wir zeigen, daß wir bereit sind, uns auf das einzulassen, was dem anderen wichtig ist, daß wir aber auch selber ein Interesse mitbringen. Dazu stellt sich jeder Mitarbeiter vor, er stünde an einer Wohnungstür und solle nun sagen, warum er gekommen ist und was er will. In diesen wenigen Sätzen (höchstens 2 bis 3) soll möglichst sein ganzes Anliegen enthalten sein. Diese Vorstellungssätze schreibt jeder auf. Sie werden in der Besuchsdienstgruppe besprochen. Die anderen melden zurück, was sie gehört haben und wie diese Vorstellung auf sie wirkt.
- Wir können auch gemeinsam einen Brief an eine neuzugezogene Familie entwerfen, in dem wir unseren Besuch ankündigen und wiederum sagen, was wir wollen.
- Oder wir entwerfen eine Broschüre, in der sich unsere Gemeinde neuen Gemeindegliedern vorstellt. Darin informieren wir nicht nur über Geographie und Termine, sondern sagen, wer wir als Gemeinde sind. Dabei wird eine Position bezogen. Das muß ein offenes Gespräch nicht erschweren, sondern kann es gerade interessant machen.

5 Ausführlicher in Wolfgang Raupp, Vom Glauben reden, Studienbrief A 25, Arbeitsgemeinschaft Missionarische Dienste, 7000 Stuttgart, PF 476.

Es soll noch einmal ausdrücklich unterstrichen werden: Diese Formulierungen sollen ein Gesprächsangebot darstellen. Durch ein Gesprächsangebot wird ein Interesse hörbar, es wird „ein Ball ins Spiel gebracht", aber kein Spiel erzwungen. Der Begegnung soll keine Gestalt aufgezwungen werden.
Wir können weiter lernen, unseren eigenen Glauben in Worte zu fassen. Dazu sollten wir uns bewußt machen, woher wir den Glauben empfangen haben und was uns geprägt hat. Andere Christen haben andere Prägungen empfangen. Das Gespräch mit ihnen kann mir die Besonderheit meines Glaubens bewußt machen und meinen Glaubenshorizont erweitern.

- Wir können dies z. B. tun, indem wir nach Stationen in unserer Lebensgeschichte suchen, die für das Werden unseres Glaubens bedeutsam waren. Für den einen war der Konfirmandenunterricht die Zeit, in der er zum ersten Mal bewußt nach seinem Glauben fragte, für einen zweiten war es die Vertreibung 1944, für den dritten eine schwere Krankheit.

- Wir können uns erinnern, welche Menschen uns den Glauben nahegebracht haben: die Großmutter, der Lehrer, der Pfarrer usw. Was haben wir von ihnen gelernt?

- Welche Bibeltexte sind besonders wichtige Bezugspunkte für meinen Glauben?

- Wir können uns überlegen, welche Zeitereignisse uns als Christen am meisten herausfordern, unseren Glauben zu bekennen: der Hunger in der Welt, die Rüstung, das Aufkommen neuer Religionen, die Oberflächlichkeit der Konsumgesellschaft. Warum fühle ich mich gerade dadurch besonders herausgefordert?
  Wiederum teilen wir dies einander in einer Zweier- oder Dreiergruppe mit und versuchen dabei, die Besonderheit des eigenen und des anderen Glaubens wahrzunehmen und aus der Biographie heraus zu verstehen.

Natürlich besteht der Glaube nicht nur aus unseren eigenen Erfahrungen und Erlebnissen. Er hat einen Grund, der außerhalb von uns liegt. Genaugenommen ist dieser Grund die Bibel. Aber im Lauf der Kirchengeschichte wurde mehrfach versucht, die wesentlichen Pfeiler des Glaubens in Glaubensbekenntnissen zu beschreiben. Jedes dieser Bekenntnisse bezieht sich auf dieselben Ereignisse, setzt aber seine eigenen Akzente.

Wir können versuchen, ein Glaubensbekenntnis mit eigenen Worten zu formulieren und dort das zusammenfassen, was der Grund unseres Glaubens ist. Im Vergleich zum apostolischen Glaubensbekenntnis werden wir dabei unsere eigenen Akzente setzen. Auch dies kann in Einzelarbeit oder in kleinen Gruppen geschehen. Im Gespräch mit anderen können wir ihren Glauben zu verstehen versuchen.

So verlieren wir allmählich das Gefühl der Hilflosigkeit, das uns beschleicht, wenn wir von etwas reden sollen, das wir uns noch nie bewußt gemacht haben und das wir noch nie mit eigenen Worten ausgesprochen haben.

13.

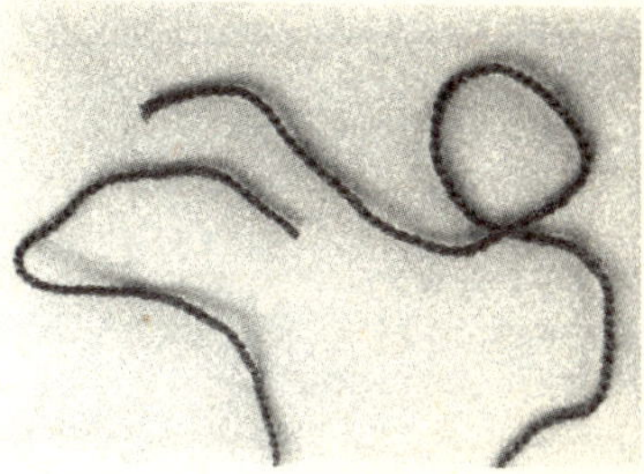

Die Besuchsdienstgruppe

Es tut gut, miteinander zu reden

Jeder, der Besuche macht oder seelsorgerliche Gespräche führt, kennt die Zeit danach. Gleich nachdem ich die Tür hinter mir zugemacht habe, fängt es an, und manchmal zieht es sich stundenlang, tagelang oder gar wochenlang hin. Das Gespräch hat etwas in mir in Bewegung gebracht. Es beschäftigt mich im Kopf und im Herzen. Das heißt, es löst Nachdenken und Gefühle aus. Das alles muß verarbeitet werden.
Da sind einmal die Themen, die besprochen wurden. Mein Gesprächspartner hat die Sache anders beschrieben, als ich sie bisher gesehen habe. Ich muß versuchen, das, was er gesagt hat, mit dem zusammenzubringen, was bisher meine Meinung war. Nachträglich fallen mir noch Argumente und Gesichtspunkte, aber auch neue Fragen ein.
Inzwischen weiß ich, daß dieses Nachdenken sich auf der Informationsebene abspielt, aber seine Energie von der Gefühlsebene bezieht: Ich habe den verschwommenen Eindruck, daß der Besuch ganz grundsätzlich gelungen ist. Die Atmosphäre war gut und freundlich, das Gespräch ganz munter. Ob der, den ich besucht habe, das auch so empfindet? Was er wohl jetzt denkt und fühlt? Der Besuch wird ihm hoffentlich in guter Erinnerung bleiben oder doch wenigstens keinen schlechten Eindruck hinterlassen haben! Was hat der andere zum Schluß gesagt? Klang in diesem Satz nicht doch etwas davon an, wie er das Gespräch empfunden hat? Was hat er mit dieser bissigen Bemerkung zwischendrin gemeint? Darauf habe ich gar nicht reagiert, das fällt mir erst jetzt ein. Warum habe ich das bloß überhört? Irgendwie hätte ich das aufnehmen sollen, aber wie? Was hätte ich denn sagen können? Wenn ich nur jemanden hätte, mit dem ich darüber reden könnte, der mir sagt, wie er diese Begegnung findet und vor allem was er aus dieser einen Bemerkung heraushört.

Es gibt Besuchsdienstmitarbeiter, die nicht zuletzt aus dem Grund zu zweit gehen, damit sie auf dem Nachhauseweg jemanden haben, mit dem sie reden können. Es ist einfach schlimm, wenn man mit all diesen Gefühlen allein fertig werden muß: mit der Unsicherheit auf dem Weg zu fremden Menschen und mit dem Zweifel, wie gelungen oder verunglückt ein Gespräch denn nun wirklich war, auf dem Nachhauseweg. Dann gibt es ja auch die Besuche, bei denen das Eis einfach nicht gebrochen wurde, bei denen nur ein paar hilflose Sätze gewechselt wurden, aber keine Beziehung entstand. Und schließlich gibt es die Fälle, wo wir abgewiesen werden, noch bevor wir überhaupt recht sagen konnten, wer wir sind und was wir wollen, oder wo wir es gesagt haben und dann erst recht unfreundlich weggeschickt wurden. Auch wenn das zum Glück nicht oft passiert: Das tut weh! Das nagt am Selbstbewußtsein: Habe ich mich denn so dumm angestellt? Besuche machen, ist das überhaupt meine Sache? Bin ich dazu geeignet? Wie dick müßte das Fell eines Menschen sein, der diese Selbstzweifel einfach wegstecken könnte!
Aber es sind ja nicht nur Verunsicherungen und Kränkungen, die wir in den Häusern erleben. In vielen Fällen fassen die Menschen Vertrauen und beginnen, von sich zu erzählen. Wir hören von allem, was sich ereignet an den verschiedenen Stationen des Lebens: von den kleinen und großen Freuden und Leiden mit den Kindern und mit den Alten, vom Abschiednehmen und Kontaktsuchen anläßlich eines Umzugs, von den Erfahrungen des Jungseins, des Alterns und des Altseins, vom Leiden des Kranken, von der Genesung, von der Krankheit zum Tode und von der Trauer. All diese Erzählungen, Fragen und Gefühle hören wir nicht nur, wir sollen und wollen mitfühlen. Da kann ich mich nicht heraushalten. Meine eigene gelebte und versäumte Jugend wird lebendig, das Glück und die Not meiner Ehe. Wie werde ich mit dem Altern fertig? Kann ich leiden? Kann ich den Gedanken zulassen, daß mein Ehepartner und ich selber vielleicht einmal alt und bettlägerig sein und gewiß sterben werden? Unsere Besuche konfrontieren uns mit dem Leben, und zwar oft gerade mit denjenigen seiner Seiten, über die wir gern hinwegsehen, solange es geht.
Wer Besuche macht, muß sich entweder einen Panzer zulegen oder sich ausliefern. Das hat Jesus gewußt, als er zu seinen Jüngern sagte: „Ich sende euch wie Schafe unter die Wölfe." Er hat ihnen auch klargemacht, daß Besuche, die aus dem Panzer heraus geschehen, nicht dem Reich Gottes dienen. Deshalb sollten sie gehen, ohne Dinge mitzunehmen, die sie zwischen sich und die Menschen schieben und hinter denen sie sich verschanzen könnten. Daß wir uns aus dieser Erfahrung heraus, ausgeliefert zu sein und getroffen zu werden, ein dickes Fell zulegen, ist eine der größten Gefahren im Besuchsdienst. Wir werden diese Erlebnisse verarbeiten, oder wir werden sie verdrängen. Wenn wir sie verdrängen, sammeln sich die uneingestandenen Ängste und Zweifel

und die schlecht oder nicht verheilten Verletzungen allmählich in unserer Seele an, machen uns hart und werden zu jenem Panzer, der uns daran hindert, den Menschen so offen zu begegnen, wie Jesus das wollte.
Aber sammeln sich diese schwierigen Erfahrungen denn wirklich erst im Lauf der Besuchsdienstpraxis an? Bringen wir nicht eine ganze Menge solcher Ängste, Verletzungen und Narben mit? Sie haben sich angesammelt seit unserer Kindheit und in den Erlebnissen mit unseren Freunden und Partnern. Sie haben manchmal zu automatischen Schutzreflexen geführt, zu Reaktionen und Haltungen, mit denen wir die empfindlichen Stellen unserer Seelenhaut vor Verletzungen und manchmal schon vor Berührungen zu schützen suchen. Wie dem auch sei, in jedem Fall tut es gut, jemanden zu haben, mit dem wir darüber reden können. Es muß einen geschützten Ort geben, an dem die Kränkungen besprochen und die Wunden versorgt werden.
Jesus hat seine Jünger zu zweit ausgesandt.[1] Ich kann darin keine Formsache sehen, die wir einzuhalten hätten, um ein Gesetz zu erfüllen. Jesus wollte ihnen damit auch nicht das Gefühl geben, zu zweit stark zu sein. Dazu würde das Bild von den Lämmern nicht passen, die unter die Wölfe gesandt sind. Diese Anweisung hat vielmehr einen tiefen seelsorgerlichen Sinn. Die Jünger werden auf ihrem schwierigen Weg nicht allein gelassen. Vielmehr dürfen sie Rat und Trost von Freunden in Anspruch nehmen. Sie brauchen auf die tragende Gemeinschaft nicht völlig zu verzichten. Deshalb soll mindestens ein anderer aus der Gemeinde mitgehen. Wir nehmen den seelsorgerlichen Rat Jesu an, indem wir einander in der Besuchsdienstgruppe begleiten.

In der Gruppe verarbeiten wir Erfahrungen

Es gibt viele Gruppen, die vor einigen Jahren mit zehn, zwanzig oder mehr Besuchern angefangen haben und nach einer Zeit des erwartungsvollen Anfangs begonnen haben, vor sich hin zu siechen und zu schrumpfen. Die Stimmung ist gedrückt bis resigniert, die Motivation zum Besuchen und zur Zusammenkunft in der Gruppe nimmt ab. Schließlich schaut sich der Pfarrer oder der Besuchsdienstleiter nach jemandem um, der einen neuen Impuls geben könnte. Ist es wirklich der neue Impuls, der fehlt? Wie müßte dieser Impuls aussehen?
Es gibt andere Gruppen, in denen etwas gewachsen ist. Die Mitglieder erzählen einander, lachen miteinander, und manchmal hat auch schon jemand geweint beim Erzählen. Da ist eine erwartungsvolle Spannung. Jemand bringt die

1 Vgl. Lk 10,1 par. Bereits auf S. 98f. haben wir uns unter einer anderen Perspektive mit dieser Frage beschäftigt.

Atmosphäre auf den Nenner: „Es ist nicht immer einfach. Aber was wir miteinander erlebt haben, ist schön. Ich möchte nichts davon missen."
Woher kommen diese Unterschiede? Die Erfahrung zeigt: Wenn es keinen Ort gibt, an dem die Eindrücke verarbeitet werden können, verlieren die Mitarbeiter die Lust und geben allmählich auf. Sie können das nicht aussprechen, was sie bewegt. Dann kommt es auch bei den Besuchen zu keinen befriedigenden Begegnungen, weil sich zu viele unverarbeitete Erlebnisse angesammelt haben. Das Anknüpfen von Beziehungsfäden geschieht nicht einmal in der Besuchergruppe. Wenn es aber hier schon unmöglich ist, als Gemeinschaft in gegenseitiger Anteilnahme miteinander zu leben und zu sprechen, dann verliert die Besuchsarbeit ihre Perspektive, und die Zusammenkünfte der Gruppe werden weitgehend sinnlos.

Wenn umgekehrt die Erlebnisse verarbeitet werden, dann beginnen die Mitarbeiter, daran zu wachsen und zu reifen. Die Begegnungen in den Häusern werden intensiver und damit schöner und befriedigender. Die Mitglieder der Gruppe werden zu Menschen, die mir helfen, neue Seiten und Fähigkeiten in mir selbst zu entdecken. Das Besuchemachen erschöpft mich nicht nur zeitweise, es macht mich auch reicher.
Vielleicht hat dieser Abschnitt eine Vorstellung davon vermittelt, was in einer Besuchsdienstgruppe geschehen könnte und sollte. Die Gruppe ist nicht nur ein Anhängsel an die „eigentliche" Arbeit. Sie ist selber ein Stück eigentliche Arbeit. Die Behauptung ist begründet: Wenn in der Gruppe keine guten, annehmenden Gespräche geführt werden, werden in den Häusern auch keine geführt. Im Folgenden soll den Fragen nachgegangen werden, warum das Zusammensein in der Gruppe oft so unbefriedigend ist und was wir tun können, damit für uns selber und für die Arbeit mehr Gewinn dabei entsteht.

Sich öffnen ist schwierig, aber es befreit

Es tut gut, miteinander zu reden, besonders wenn wir uns gegenseitig bestätigen. Das Gespräch kann dazu dienen, die Fragen, die in mir aufgestiegen sind, durch einen Gruppenkonsens wieder zu beerdigen. Wir einigen uns darauf, daß der Gesprächspartner eben sehr schwierig und daß in der gegebenen Situation nichts anderes möglich war. Auf die aggressive Bemerkung hat man nicht weiter eingehen können. Das hätte nur unnötige Spannungen gebracht. Wir sind zu zweit oder zu dritt dieser Ansicht, und das macht sie schon fast gewiß.

Es gibt noch eine andere Art, der Infragestellung, die wir bei unseren Besuchen erleben, auszuweichen: „Am besten, wir laden jemanden ein, der uns ein Referat hält, z. B. über Aggression, und ein Vierteljahr später über Altersdepressionen. Vielleicht kann uns der Herr oder die Dame noch ein paar praktische Ratschläge geben, wie man sich in so einem Fall verhält. Dann wissen wir künftig Bescheid über Menschen, die mit solchen Schwierigkeiten behaftet sind." Damit haben wir uns selber distanziert und ein bedrängendes Erlebnis zu einer Sachfrage gemacht.

Wenn wir unsere Erfahrungen ehrlich und sorgfältig überprüfen, werden wir feststellen, daß die Dinge, die uns zu schaffen machen, in den seltensten Fällen nur das Problem des anderen sind. Die Freude, die Enttäuschungen, die Zweifel und die Verunsicherung, die wir erleben, sind ohnehin unsere Angelegenheit. Aber auch die Erlebnisse eines anderen, die zunächst ein Stück seines Lebens sind, erzeugen eine Resonanz in unserer eigenen Seele. Daß ich die aggressive Bemerkung des anderen automatisch übergangen habe, hat etwas mit mir zu tun. Die Besuche bei einem älteren depressiven Menschen fallen mir vielleicht deshalb so schwer, weil mich der Gedanke an das Alter selber depressiv macht. Mit einem Vortrag über Altersdepressionen ist mir also wenig geholfen. Ich selber, meine Reaktionen auf Aggressivität und meine Vorstellungen und Gefühle in bezug auf das Altern müßten in dem Lernprozeß vorkommen. Wenn ich mich selber in diesen Punkten besser verstehen könnte, wenn ich an dem arbeiten könnte, was da in mir drin ist, dann könnte ich auch denen, die „damit behaftet" sind, anders begegnen – und ich würde zugleich selber reifer werden.

Diese Art zu lernen ist aber nicht einfach, denn in allem, was ich erzähle, komme ich dann selber vor. Es ist dann legitim und notwendig, daß die anderen in der Gruppe nicht nur fragen: „Was hast du über den Menschen erfahren, den du besucht hast?", sondern zugleich mit der Frage zuhören: „Was hast du über dich selber erfahren bei diesem Besuch?" Von meinem Besuch erzählen heißt dann, etwas von mir selber preisgeben.

Damit ändert sich zugleich die Rolle, in der ich mich als Besucher befinde. Ich bin jetzt nicht mehr der Helfer, der körperlich, seelisch und geistlich stark und gesund ist und der dem hilflosen Schwachen unter die Arme greifen und ihm sagen kann, wo es langgeht. Ich erlebe mich jetzt selber gelegentlich als der Schwache und Ratlose. Ich bin in meiner Hilflosigkeit den anderen ausgeliefert und muß darum bangen, wie die anderen mit meiner Hilflosigkeit umgehen, ob sie sich in der Gruppe neben mich stellen und Anteil nehmen oder ob sie sich über mich stellen und von außen theoretisieren. Dieser Rollenwechsel wird nicht nur in der Gruppe stattfinden, er wird sich auch in den Besuchen auswirken und mich den Menschen näher bringen.

Jeder von uns hat eine Fassade, eine Schokoladenseite, die er pflegt und von der er gern gesehen werden möchte und die er manchmal vielleicht selber für sein wahres Wesen hält. In dem, was hier beschrieben wurde, wird etwas von dieser Fassade abgebaut. Das kann schmerzlich sein, weil es für mich eine Kränkung darstellt, wenn ich merke, daß ich nicht so bin, wie ich gern sein möchte, und wenn die anderen das auch noch merken. Im Grunde ist es aber eine große Befreiung, weil ich so sein darf, wie ich bin, und so angenommen werde. Die Bereitschaft zu diesem Lernprozeß ist eine Voraussetzung für eine sinnvolle Mitarbeit im Besuchsdienst.

Wie können wir miteinander lernen?

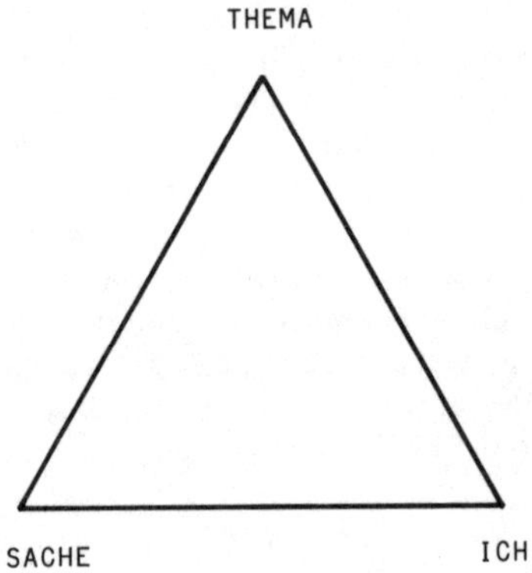

Wie wir schon gesehen haben, kommt in dem, was wir lernen wollen, immer auch wir selber vor. Wir wollen uns nun deutlich machen, in welchem Verhältnis wir selber und das, was wir lernen, zueinander stehen. Wiederum soll uns eine einfache Graphik dabei helfen. Das Dreieck zeigt wieder ein Spannungsverhältnis mit drei Schwerpunkten an, und es liegt an uns, wo wir die Akzente setzen.
Nehmen wir einmal an, eine Besuchsdienstgruppe lädt ein zu einem Abend über Altersdepressionen. Dieses Thema kann nun in zwei Richtungen entfaltet werden: Es kann ein bestimmter Sachverhalt beschrieben werden. Nach einer Einleitung kann aber auch ein Gespräch stattfinden, in dem ich selber, meine Erlebnisse mit dem Altern und die Gefühle, die ich dabei empfinde, vorkomme. Es ist Sache des Referenten und der Gruppe zu entscheiden, wie und wo die Akzente gesetzt werden. Für unsere Arbeit wäre es ganz wichtig, daß der Schwerpunkt „Ich“ ausreichend Gewicht hat.
Oder ein anderes Beispiel:
Jemand erzählt von einem Besuch. Als erstes Faktum ist da einmal der Bericht über ein Gespräch. Darin kommt der Mensch vor, den er besucht hat. Das ist der zweite Schwerpunkt. Zugleich berichtet er von sich selber. Damit ist das dritte Element genannt.
Wir können uns nun besonders mit dem Gespräch als solchem befassen. Dann würden wir lernen, wie man Gespräche führt oder einen Bericht gibt. Das wäre die formalste Art der Beschäftigung mit einem Erlebnis und auf Dauer sehr unbefriedigend. Wir können uns mit dem Menschen beschäftigen, den unser

Mitarbeiter besucht hat. Wir können versuchen zu verstehen, was für ein Mensch er ist und was das für ihn bedeutet, wovon er erzählt. Oder wir können uns der Person des Besuchers selber zuwenden und uns in seine Lage hineinversetzen. Wo wir die Akzente setzen, hängt sehr vom Stil und der Atmosphäre unserer Gruppe ab. Vor allem aber hängt es vom Berichterstatter selber ab, davon, wieviel er uns vom Besuchten und von sich selber mitteilt.

Wir sind als Besuchsdienstgruppe keine psychoanalytische Selbsterfahrungsgruppe. Dort geht es vor allem um die Persönlichkeit der Teilnehmer. Sie sollen also von sich reden. In unserer Gruppe ist es legitim, daß der Berichterstatter entscheidet, wieviel er hier in diesem Rahmen von sich preisgeben will und kann. Der Schwerpunkt des Gesprächs wird sich also irgendwo in dem Feld zwischen den drei Ekken bewegen. Jeder Teilnehmer, in besonderem Maße aber der Berichterstatter, trägt durch seine Äußerungen dazu bei, den Schwerpunkt in die eine oder andere Ecke zu verschieben. Das Resultat ist die Summe der verschiedenen Einflüsse.

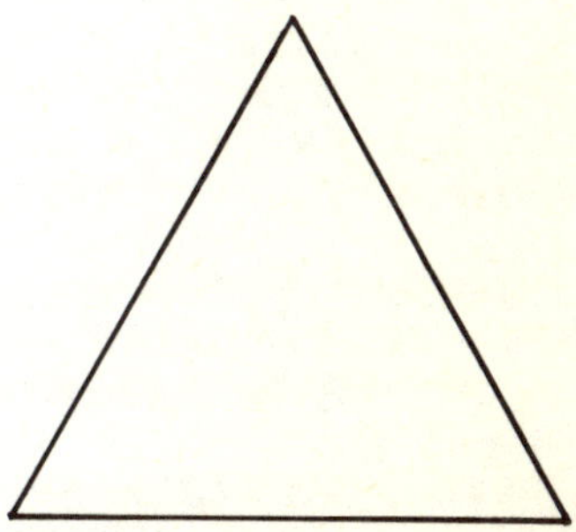

Wir berichten konkret und persönlich

Machen wir uns die Möglichkeiten des Berichterstatters an Beispielen klar! Frau M. hat Frau V. zum zweiten Mal im Altersheim besucht. Sie hätte in ihrer Besuchsdienstgruppe folgendermaßen berichten können:

Frau M.: *Die Besuche im Altersheim finde ich deshalb so schwierig, weil die Leute da so eingesperrt sind und immer nur um sich selber kreisen. Am Mittwoch war ich wieder bei Frau V. Ich finde, sie kapselt sich zu sehr ab. Da hat sie natürlich nichts anderes, womit sie sich beschäftigen könnte, als sich selber. Davon wird sie dann auch so depressiv. Beim letzten Mal hat sie mir ihr halbes Leben erzählt. Aber dieses Mal hat sie sich nur am Anfang am Gespräch beteiligt. Das hat sicher mit diesen Depressionen zu tun. Irgendwie müßte man die Leute dazu kriegen, daß sie noch etwas anderes wahrnehmen außer ihren Wehwehchen. Ich finde, auch die Heimleitung müßte mehr Anregungen anbieten. Aber die sagen, die Alten wollen das gar nicht. Also das ist meine Frage: Wie können wir diese Leute aus ihrem ewigen Kreisen um sich herausholen?*

Wenn der Bericht so sehr im Allgemeinen bleibt, so daß wir weder den Besuchten noch den Besucher recht erspüren können, dann wird unser Gespräch auf naheliegende Sachfragen gelenkt werden. Wenn der Besuch z. B. einem Menschen im Altersheim galt, könnten wir uns darüber unterhalten, unter welchen Bedingungen Menschen im Altersheim leben und wie wir unter diesen Bedingungen Besuche machen können. Über die Menschen, die da miteinander gesprochen haben, erfahren wir nicht viel Persönliches. Da hier aber die Dinge liegen, die uns wirklich bewegen, werden wir bald den Eindruck gewinnen, daß diese Art von Gruppengesprächen nicht viel bringt. Viele Gespräche in Besuchsdienstgruppen verlaufen so und sind darum so unbefriedigend.
Wir brauchen also eine Form des Erfahrungsaustauschs, in dem es möglich ist, sowohl von einem Sachthema als auch vom Besuchten zu reden, die uns aber zugleich die Möglichkeit bietet, uns selber einzubringen. Eine sehr gute Möglichkeit dazu bietet die Besprechung von Gesprächsprotokollen. Frau M. hat ein solches Protokoll angefertigt, das wir schon in Kapitel 9 kennengelernt haben.

Frau M.: *Am Mittwoch nachmittag war ich wieder im Altersheim und habe Frau V. besucht. Sie war gerade dabei, einen Schrank aufzuräumen, als ich kam. Das Gespräch verlief ungefähr so:*

M.: *Guten Tag, Frau V.! Ich bin Frau M. vom Besuchsdienst. Erinnern Sie sich noch an mich? Ich war vor vier Wochen schon einmal bei Ihnen, an Ihrem Geburtstag.*

V.: *Ach ja, die Frau mit den Blumen. Ich hab mich so sehr gefreut darüber.*

M.: *Ich wollte wieder einmal bei Ihnen hereinschauen. Haben Sie gerade Zeit?*

V.: *Ja, natürlich! Kommen Sie doch! Wissen Sie, hier hat man immer Zeit. Ach, diese Schwüle heute!*

M.: *Ja, da haben Sie recht. Wie verkraften Sie das denn mit Ihrem Kreislauf? Sie haben mir neulich erzählt, daß Sie Schwierigkeiten damit haben.*

V.: *Ich muß halt immer von diesen Tabletten nehmen, die mir der Arzt verschrieben hat. Als ich noch zu Hause in T. war, hatte ich das nicht. Kennen Sie T.?*

M.: *Ja, davon haben Sie mir schon beim letzten Mal erzählt. Wenn es so heiß ist, mache ich mir oft einen Zitronen-Früchte-Tee. Ich habe da ein wunderbares Rezept von meiner Schwägerin aus der Schweiz. Da nimmt man ...*

Nach diesem Bericht können wir uns nicht nur Frau V. sehr viel besser vorstellen. Auch von Frau M. haben wir ein viel konkreteres Bild. Erst jetzt haben wir die Möglichkeit zu verstehen, warum es zu keinem befriedigenden Gespräch kam.

Wie mache ich ein Protokoll?

Das Anfertigen eines Gesprächsprotokolls ist für viele Besucher etwas sehr Ungewöhnliches. Schon das Wort „Protokoll" klingt so offiziell. Wir verwenden es hier nur aus dem Grund, um damit anzudeuten, daß ein Gespräch nicht nur ungefähr, sondern so genau wie möglich wiedergegeben werden soll, denn nur eine Aufzeichnung, die weitgehend dem Wortlaut entspricht, ermöglicht es uns, unsere Eindrücke an konkreten Äußerungen festzumachen und zu überprüfen. Wenn Frau M. berichtet, daß das letzte Gespräch mit Frau V. sehr zähflüssig war, dann können wir wenig dazu sagen. Erst wenn wir den Verlauf mitverfolgen können, können wir uns vielleicht vorstellen, wie es dazu kam. Dazu aber brauchen wir eben ein Protokoll.
Es gibt zwei gewichtige Einwände gegen das Anfertigen eines Protokolls. Einmal: „Wird nicht die seelsorgerliche Schweigepflicht verletzt, wenn wir ein Gespräch aufschreiben, um mit anderen darüber zu sprechen?" Darauf kommen wir später noch zu sprechen. Der andere Einwand lautet: „Dann kann ich mich ja nicht mehr auf das Gespräch konzentrieren. Mit der Hälfte meiner Aufmerksamkeit bin ich dann schon dabei, mir das zu merken, was ich für das Protokoll brauche."
Diese Einwände sollen ganz ernst genommen werden. Auf keinen Fall darf das Vertrauen unseres Gesprächspartners mißbraucht werden, und natürlich sollen wir mit unserer ganzen Aufmerksamkeit bei ihm sein. Aber stellen wir uns doch auch so ehrlich wie möglich der Frage, ob das wirklich alles ist, was sich in uns dagegen wehrt. Wir haben schon davon gesprochen, daß wir durch ein Gesprächsprotokoll sehr viel von uns selber preisgeben. Die anderen sehen dann nicht nur unsere Schokoladenseiten, sondern machen uns vielleicht auf blinde Flecken in unserer Selbstwahrnehmung aufmerksam, die uns am Ende nicht besonders angenehm sind. Dagegen gibt es einen Widerstand in uns, der uns oft selber kaum bewußt ist. Das sollten wir bedenken, ehe wir mit viel Leidenschaft gegen das Gesprächsprotokoll ankämpfen.
Während eines Gesprächs vergessen wir am besten ganz, daß wir darüber vielleicht ein Protokoll schreiben wollen. Wir wenden uns mit unserem Herzen und mit unserem Kopf ganz unserem Gesprächspartner zu. Zu Hause schreiben wir den Abschnitt oder die Abschnitte auf, die uns besonders wichtig erscheinen. Natürlich ist es unmöglich, lange Gespräche wörtlich wiederzuge-

ben. Wichtig ist fast immer der Gesprächsanfang, außerdem die Passagen, bei denen wir an uns selber oder beim Gesprächspartner besondere Reaktionen bemerkten. Wichtig sind auch thematische Brüche im Gesprächsverlauf.
Es ist nicht schlimm, wenn wir den ganz genauen Wortlaut nicht mehr wiedergeben können. Es genügt, wenn wichtige Wendungen, Bemerkungen und Bilder zutreffend niedergeschrieben werden. Ansonsten schreiben wir das Gespräch so auf, daß es den Verlauf richtig darstellt. Manchmal ist schon ein einziger Satz eine große Hilfe, um einen der Gesprächspartner besser verstehen zu können. Frau V.s Bemerkung „Wissen Sie, hier hat man immer Zeit" wäre ein solcher Satz. Um einen Eindruck von der Entwicklung des Gesprächs zu bekommen, ist es aber besser, wenn das Protokoll wenigstens vier bis fünf Dialoge umfaßt.
Die Namen werden grundsätzlich verändert. Es gilt die Regel: So anonym wie möglich; so konkret wie nötig. Natürlich gibt es Gemeinden, in denen fast jeder jeden kennt. Dort wird es trotz der Veränderungen nicht immer möglich sein, die Anonymität zu wahren. Wir sollten dann kein Rätselraten daraus machen, ob unsere Vermutung stimmt, sondern uns dem zuwenden, was berichtet wird. Unter der Voraussetzung, daß nichts aus der Gruppe herausgetragen wird, können wir eine solche begrenzte Anonymität hinnehmen.

Wie verarbeiten wir ein Gesprächsprotokoll?

Wenn wir in der Schule eine Klassenarbeit geschrieben hatten, dann wurde sie vom Lehrer korrigiert. Mit einem Rotstift hat er alle Fehler angestrichen. Wir Schüler fragten uns bang: „Was habe ich wohl alles falsch gemacht?" und warteten voll Unruhe auf die Note, die unter der Arbeit stehen würde. Mit ähnlichen Gefühlen und Erwartungen schreiben manche Besuchsdienstmitarbeiter ihr Gesprächsprotokoll. In der Haltung des Korrektors lesen und hören einige die Protokolle anderer.
Es wäre gut, wenn wir beim Schreiben und Auswerten von Gesprächsprotokollen alle Einstellungen, die mit bewerten und bewertet werden zu tun haben, ablegen könnten. Es geht hier nicht darum nachzuprüfen, was richtig und was falsch gemacht wurde, sondern darum, die beiden Menschen, die miteinander geredet haben, zu verstehen. Wie beim Gespräch in den Häusern versuchen wir, auch hier eine annehmende, beziehungsfördernde Grundhaltung einzunehmen, nur daß es dieses Mal darum geht, zwei Gesprächspartner zu verstehen und das, was sich in ihrer Begegnung zwischen ihnen ereignet hat.
Die Leitsätze einer beziehungsfördernden Grundhaltung aus Kapitel 5 ließen

sich alle so umformulieren, daß sie sich nun auf die Bearbeitung des Gesprächsprotokolls beziehen. Machen wir uns das am Beispiel von Satz d. deutlich. Er würde hier lauten:

- Ich beurteile den anderen Mitarbeiter nicht nach meinen Maßstäben. Er redet anders und hat eine andere Art, sich zu geben. Ich versuche zu verstehen, warum er damit gelegentlich Schwierigkeiten hat. Ich will aber auch lernen, was an seiner Art beziehungsfördernd ist.

Unsere Grundfrage ist also: Was haben die beiden Gesprächspartner einander mitgeteilt? Dabei hören wir nicht nur, was auf der Informationsebene gesprochen wird, sondern versuchen zu erspüren, was sich auf der Beziehungsebene zwischen ihnen abspielt. Wenn Frau V. in dem oben abgedruckten Gespräch sagt: „Wissen Sie, hier hat man immer Zeit", dann ist das nicht nur eine Information über ihre Arbeitsbelastung, sondern eine Botschaft über ihr Ergehen und zugleich ein Bitte an die Besucherin, sich nicht vom Augenschein täuschen zu lassen, sondern ihre wirkliche Lage zu verstehen. Dieser Satz beinhaltet ein Gesprächsangebot und damit zugleich ein Beziehungsangebot. Auch der nächste Satz „Ach, diese Schwüle heute!" ist eine Botschaft darüber, wie es Frau V. ergeht.
Die Antwort der Besucherin „Ja, da haben Sie recht. Wie verkraften Sie das denn mit Ihrem Kreislauf?" wollen wir nicht bewerten, sondern ebenfalls verstehen. Frau V. hat etwas von der Leere ihres Lebens im Altersheim anklingen lassen. Dann aber scheint ihre Seele selber zurückgeschreckt zu sein vor diesem sehr persönlichen Thema, und so bot Frau V. noch das etwas unverfänglichere Thema „Schwüle" an. Irgend etwas sträubt sich in Frau M. dagegen, mit Frau V. über ihr unausgefülltes Leben zu sprechen. Sie sagte später, Frau V. beschäftige sich zu sehr mit sich selber. Was stört Frau M. eigentlich an dieser Selbstbeschäftigung? Dies zu verstehen, wäre ganz wichtig für Frau M. Es wäre die Aufgabe unserer Gruppe, ihr dabei zu helfen. Dazu soll auch die Verarbeitung des Protokolls dienen.
Das Dreieck „Gespräch – Besucher – Besuchter" macht uns deutlich, wo wir dabei die Schwerpunkte setzen können. Wir können einmal dem Verlauf des Gesprächs entlanggehen und jede einzelne Äußerung befragen, welche Botschaften die Gesprächspartner einander mitteilen. Wir lernen dabei, genau hinzuhören, was die Menschen bewegt, und können verstehende Antworten üben. Unser Gespräch wird dabei sehr eng an den Wortlaut des Protokolls gebunden bleiben und immer wieder darauf zurückkommen.
Wir können zweitens unsere Aufmerksamkeit darauf konzentrieren, den Besuchten in seiner sozialen und seelischen Situation besser zu verstehen. In unserem Fall würde das heißen, daß wir versuchen zu begreifen, was für ein Mensch Frau V. ist und was es für sie bedeutet, im Altersheim zu leben.

Schließlich können wir uns unsere eigenen Reaktionen bewußt machen, zunächst die Reaktion von Frau M., aber auch die Reaktionen der übrigen Gruppenteilnehmer. Bei den letzten beiden Vorgehensweisen wird unser Gespräch zwar vom Protokoll ausgehen, kann sich aber sehr davon lösen, so daß wir über große Strecken von uns selber sprechen. Wir lernen dabei, das zu verarbeiten, was in unserer Seele in einer solchen Situation (z. B. Altersheim, keine Aufgaben mehr) zum Schwingen kommt. Das wird uns helfen, in einer ähnlichen Situation nicht einfach dem eigenen Unbehagen nachzugeben und das Mitgefühl abzuwehren, sondern Anteil zu nehmen.
Jeder in der Gruppe sieht ein solches Gespräch oder eine solche Lebenssituation aus seiner Perspektive, aus seiner altersspezifischen Sicht, vor seinem biographischen Hintergrund, durch die Brille seines Charakters und als Frau oder Mann. Im Gespräch werden uns Bezüge und Assoziationen aufgehen, die wir allein nicht gefunden hätten. Dabei lernen wir, Dinge auch aus anderen Perspektiven zu sehen. Ich entdecke an anderen verborgene Fähigkeiten meiner eigenen Seele und lerne, mit diesen Fähigkeiten zu arbeiten.
Dies alles einzuüben ist die Hauptaufgabe des Besuchsdienstseminars in der Gemeinde. An Wochenendtagungen können diese Erfahrungen in einer gewissen Distanz vom Alltag intensiviert werden. Natürlich haben wir in den Häusern nicht so viel Zeit, jeden Satz in einem Gespräch hin und her zu drehen und hineinzuhorchen. Aber diese Übungen werden allmählich unser Gespür schärfen, so daß wir schneller und genauer wahrnehmen und darum hilfreicher reagieren.

Bedingungen und Voraussetzungen für ein Gesprächsprotokoll

Nur wer bereit und in der Lage ist, Stillschweigen zu bewahren, kann im Auftrag der Gemeinde Besuche machen. Lediglich die Besuchsdienstgruppe oder das Gespräch mit einem verschwiegenen Seelsorger sind Orte, wo wir als Mitarbeiter das erzählen und verarbeiten können, was uns zu schaffen macht. Wir geben dabei viel von unserem Gesprächspartner, aber auch von uns selber preis. Wir können dies nur tun unter der Voraussetzung, daß nichts aus der Gruppe herausgetragen wird. Es gilt

- **die Gruppenschweigepflicht**

Auch nach dem Ausscheiden aus dem Besuchsdienst darf ein Mitarbeiter nicht weitererzählen, was er bei seinen Besuchen oder in der Gruppe gehört und erlebt hat. Jeder, der in der Gruppe mitarbeiten will, muß darauf hingewiesen werden; in manchen Gruppen wird sogar eine schriftliche Erklärung verlangt. Dies erscheint sinnvoll, um den Ernst der Schweigepflicht bewußt zu machen.

Jeder, der über ein Gespräch etwas aufgeschrieben hat, ist dafür verantwortlich, daß die Papiere unter Verschluß bleiben. Protokolle müssen sorgfältig aufbewahrt und, sobald sie nicht mehr benötigt werden, vernichtet werden. Sie dürfen auf keinen Fall in den Müll wandern.
Wir haben gesehen, daß diese Gespräche nicht den Sinn haben zu bewerten oder Neuigkeiten zu verbreiten, sondern notwendig sind im Interesse des Besuchten und des Besuchers. Sie helfen uns, unsere Gesprächspartner besser zu verstehen und die eigenen Gefühle und Spannungen zu verarbeiten, in die wir notwendigerweise geraten, wenn wir uns auf die Menschen einlassen. Solche Gespräche sind eine notwendige Entlastung. Auch bei anderen Berufsgruppen, die unter der Schweigepflicht stehen, z. B. bei Ärzten oder in der Telefonseelsorge, gilt die Gruppenschweigepflicht.

- **Bereitschaft zum verstehenden Zuhören**

Während die Schweigepflicht den äußeren Rahmen der Fallbesprechung absteckt, gehört die Bereitschaft der Teilnehmer, einander verstehend und anteilnehmend zuzuhören, eher zu den inneren Voraussetzungen. In einer Gruppe, in der Menschen beurteilt werden, gleich ob es die Besuchten oder die Besucher sind, wird kaum einer wagen, etwas von sich preiszugeben.

Einer trage des anderen Last

Dieser Satz aus Gal 6,2 hat noch eine zweite Hälfte: „... so werdet ihr das Gesetz Christi erfüllen". Auf den ersten Blick scheinen die beiden Satzhälften theologisch gar nicht zueinander zu passen. Die erste Hälfte spricht von dem zwischenmenschlichen Geschehen, von dem bisher in diesem Kapitel ausschließlich die Rede war, von der Anteilnahme, durch die wir einander entlasten können. Aber können wir das überhaupt, einander die Lasten abnehmen? Wenn wir das ernsthaft behaupten wollten, würde das nicht auf die Selbsterlösung des Menschen durch die Gruppe hinauslaufen? Das wäre doch der völlige Widerspruch zur zweiten Hälfte des Satzes: „... so werdet ihr das Gesetz Christi erfüllen". Das Gesetz Christi heißt doch gerade, daß der Mensch sich nicht selber von seinen Lasten befreien kann, weder durch die Werke des einzelnen noch durch die Leistungen eines Volkes oder durch einen Gruppenprozeß. Wird das Gesetz Christi nicht ausschließlich in 1 Petr 5,7 evangeliumsgemäß formuliert: „Alle eure Sorgen werfet auf ihn, denn er sorgt für euch"?
Wir haben schon am Anfang davon gesprochen, daß Christus seine Gemeinde in sein Werk hineinziehen will. Wenn Jesus die Jünger in die Nachfolge einlädt, dann will er ihnen damit sagen: „Geht meinen Weg." Er macht sie also nicht zu passiven Zuschauern des Erlösungsgeschehens, sondern lädt sie zur Mitwir-

kung ein. Heil ereignet sich also nicht allein in dem, was Jesus redet, tut und leidet, sondern auch in allem, was die Jünger reden, tun und leiden in seinem Namen und in seiner Nachfolge. Das ist keine Selbsterlösung, auch kein Synergismus, also eine Erlösung, zu der das menschliche Mitwirken notwendig wäre. Davon müßte man reden, wenn menschliche Leistung gefordert würde, damit die Erlösung geschehen kann. Paulus aber lädt zum konsequenten Handeln ein, weil für die Christen ein neues Leben im Geist angefangen hat (Gal 5,25). Jesus ruft in die Nachfolge, die nur möglich ist, weil er vorausging und dadurch selber zum Weg wurde. Deshalb also sollen die Glieder einer Gemeinde einander helfen, mit den Belastungen fertig zu werden.

Wir kommen diesen ersten Versen aus Gal 6 wohl näher, wenn wir in ihnen nicht unbedingt Anspielungen auf sensationelle Sündenfälle einzelner Gemeindeglieder sehen. „Wenn ein Mensch von einem Fehltritt übereilt wird ...", das heißt, daß da einer nicht mehr zurecht kommt, der unterwegs ist: einer, der noch nicht am Ziel ist, so wie wir alle, einer, der darum so unvollkommen ist, wie wir alle. Und dann auf einmal tut er den Schritt daneben. Jetzt ist seine Fehlbarkeit nicht bloß etwas Theoretisches, sondern wird ganz offenkundig. Er hat einen Fehler gemacht. Was jetzt? „Weh dem, der allein ist! Wenn er fällt, so ist keiner da, der ihm aufhilft" (Pred 4,10). Wenn er allein ist ...!

Wenn ihr aber im Geist Christi lebt, dann sind da Brüder und Schwestern, die ihm helfen, wieder auf die Füße zu kommen und weiterzugehen. Wenn sie das tun, tragen sie die Last miteinander, die Last, nicht am Ziel, sondern unterwegs, und das heißt fehlbar zu sein, und die Last, ganz konkrete Fehler zu machen. So werdet ihr das Gesetz Christi erfüllen. Da wird nicht die Vollkommenheit zur Voraussetzung für die Teilhabe an der Gemeinschaft gemacht. Da darf der Sünder kommen. So werdet ihr das Gesetz Christi erfüllen. Da kann ich zu meinen Fehlern stehen, weil ich weiß, daß ich mit ihnen nicht verurteilt, sondern angenommen werde, und weil ich weiß, daß ich am Ende nicht in meiner Unvollkommenheit versinken werde, sondern daß die Erlösung offenbar wird. Ich muß nicht vollkommen sein. Aber ich darf weitergehen.

Man hat der Gruppenpädagogik und besonders der Gruppendynamik vorgeworfen, sie sei ein Versuch menschlicher Selbsterlösung, die Gruppe werde zum Heiland, zum Erlöser des Menschen. In unterschiedlichen Zusammenhängen wird im Augenblick sehr viel in Gruppen gearbeitet. Für einige Gruppentherapien ist dieser Vorwurf sicher berechtigt. Dennoch wurde mit diesen Kampagnen insgesamt mehr Schaden angerichtet und Verwirrung gestiftet als Orientierung geboten. Es ist einfach Unsinn, alle Formen von Gruppenarbeit von der Urschrei-Therapie bis zur Themenzentrierten Interaktion in einen Topf zu werfen.[2] Wer die Geister nicht unterscheidet, verfällt ihnen.

2 So bei Lothar Gassmann, Gruppendynamik, Stuttgart 1984.

Entscheidend ist nicht, ob wir Methoden der Gruppenarbeit verwenden, sondern ob das im Geist Jesu Christi geschieht. Ganz offensichtlich kann in der Gemeinde-Gruppe sehr viel geschehen, das uns hilft, im Glauben fortzuschreiten und zu wachsen. Wir können lernen, einander als Sünder anzunehmen. Das hilft uns, uns selber als Sünder zu akzeptieren. Wenn Paulus die Gemeinde mehrfach auffordert, einander zu „vermahnen"[3], dann hat er sicher nicht gemeint, sie sollten ununterbrochen mit erhobenen Zeigefingern herumlaufen. Ermahnen, das heißt wohl, in großer Ernsthaftigkeit miteinander reden und dabei einander zu helfen, wo der einzelne allein nicht zurechtkommt. Darauf sind wir auch in der Besuchsdienstgruppe immer wieder angewiesen.
Auch in dieser Gruppe sind wir ein Stück Gemeinde. Wir sind dies nicht nur, wenn wir singen und beten, sondern auch, wenn wir einander durch geeignete Methoden entlasten. Dabei erfüllen wir das Gesetz Christi. Aber es ist auch notwendig, daß der Name, in dem wir handeln mit Worten und Werken, in unserer Gruppe ausgesprochen wird. Wir tun dies im Gebet und im Nachdenken über biblische Texte. Dabei machen wir uns immer wieder bewußt, was der Ausgangspunkt und das Ziel unseres Handelns ist. Wir öffnen uns dem Unverfügbaren im Wissen um die Grenzen unserer eigenen Möglichkeiten. Der Schalom Gottes (Schalom bezeichnet eine ungetrübte Beziehung, Heil, Glück und Frieden), der größer ist als unsere Fähigkeit, Beziehungen zu gestalten, ergreife und bewahre unsere Gefühle und unseren Verstand, damit wir zum Schalom unter den Menschen beitragen können.

- Könnten Sie sich vorstellen, unter den beschriebenen Voraussetzungen Protokolle von Gesprächen anzufertigen und in der Gruppe zu besprechen?
- Wo sehen Sie selber den Vorteil dieses Verfahrens? Was stört Sie daran? Sprechen Sie in der Gruppe miteinander darüber.
- Treffen Sie eine Vereinbarung, wie Sie künftig ihre Erfahrungen verarbeiten wollen.

3 Z.B. Kol 3,16.

14.

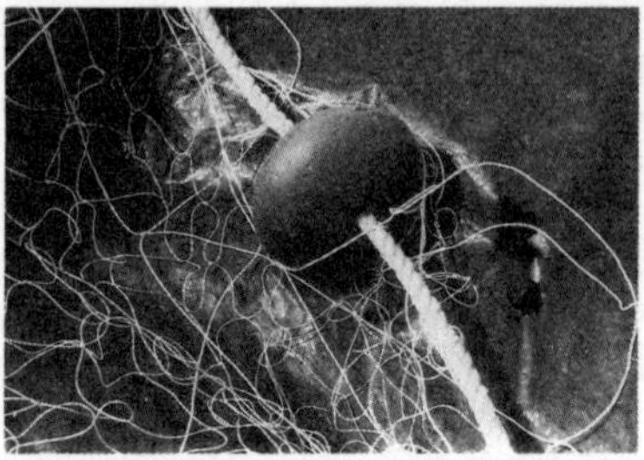

Die Leitung des Besuchsdienstes

Die Aufgaben des Besuchsdienstleiters

Es hat sich als sinnvoll erwiesen, wenn sich eine Person bereit findet, die Leitung der Besuchsdienstgruppe als ihre Aufgabe in der Gemeinde zu übernehmen. Dies sollte nicht der Pfarrer sein. Der Gemeindepfarrer wird zumindest zeitweise durch andere Aufgaben so sehr in Anspruch genommen, daß er nicht genügend Zeit und seelische Energie in die Besuchsdienstgruppe investieren kann.

Diese Leiterin bzw. dieser Leiter sollte keine andere größere Aufgabe in der Gemeinde haben, sondern sich voll für den Besuchsdienst engagieren können. Dann hat er genügend Zeit und Kraft, sich im Lauf der Zeit eine gewisse Kompetenz auf diesem Gebiet zu erwerben, die er dann wieder seinen Mitarbeitern zur Verfügung stellen kann. Es gibt einige wenige grundlegende Bücher über die Besuchsdienstarbeit, die er nach und nach lesen sollte. Daneben sollte er sich einen Überblick über Kurzschriften[1] verschaffen, die Themen aus dem Umkreis der Besuchsarbeit behandeln, so daß er mit seiner Gruppe an Hand dieser Schriften aufbrechende Fragen besprechen kann.

Es wäre besonders hilfreich, wenn der Leiter einer Besuchsdienstgruppe ein gutes Gespür für das hätte, was sich auf der Beziehungsebene ereignet. Dadurch könnte er seinen Mitarbeitern helfen, besser zu verstehen, was sie bei ihren Besuchen erlebt haben. Zugleich könnte er wahrnehmen, was sich in der Gruppe abspielt.

1 Z. B. Studienbriefe der Arbeitsgemeinschaft Missionarischer Dienste in Stuttgart oder Rundbriefe, die von den Besuchsdienstbeauftragten der Landeskirchen herausgegeben werden. Die Besuchsdienstbeauftragten werden sicher gerne auf geeignete Schriften hinweisen.

Wir machen in der Besuchsdienstgruppe keine psychoanalytischen Sitzungen. Deshalb braucht der Leiter kein Psychologiestudium. Aber er braucht eine Anleitung, die ihm hilft, sich selber zu öffnen, die Offenheit in der Gruppe zu fördern, aber auch die Grenzen dessen zu erkennen, was in einer Besuchsdienstgruppe möglich ist. Von verschiedenen Stellen der Landeskirchen, z.T. auch von den Besuchsdienstbeauftragten, werden Kurse angeboten, in denen man lernen kann, in diesem Bereich sensibel zu werden.
Die Aufgabe dieses ehrenamtlichen Leiters besteht zum großen Teil auch darin, die organisatorischen Dinge zu regeln, also sich um Termine und Räume für die Gruppenzusammenkünfte zu kümmern, vor allem aber dafür zu sorgen, daß der Informationsfluß zwischen Pfarramt, Pfarrer und Gruppe klappt. Er ist das Bindeglied zwischen Gruppe und Pfarramt, etwas wie ein Abteilungsleiter im Betrieb „Gemeinde".
Vielleicht ist die Organisation der Teil seiner Arbeit, der am sichtbarsten ist. Das bedeutet aber nicht, daß die Leitung der Besuchsdienstgruppe eine Sache für Manager-Typen wäre. Für die Gruppe bedeutsamer ist, daß er die Arbeit aufmerksam begleitet, wahrnimmt, welche Themen im Augenblick wichtig sind, und Vorschläge macht, wie sie bearbeitet werden können. Er sollte wahrnehmen, wie es den einzelnen Mitarbeitern geht, und darauf achten, daß keiner in Krisen allein bleibt. Entweder er bietet sich selber als Gesprächspartner an, oder er lädt dazu ein, Probleme in der Gruppe auszusprechen.
Wir haben in dem Abschnitt über die Bearbeitung des Gesprächsprotokolls schon unterstrichen, daß jedes Gruppenmitglied den Akzent seines Berichts setzt und so persönlich wird oder so sachlich bleibt, wie es ihm möglich ist. Aus der Summe der Impulse, die von den Mitarbeitern kommen, ergibt sich der Gesprächsverlauf. Es kann also nicht Aufgabe des Gruppenleiters sein, die Gruppe zu etwas zu drängen oder den Gesprächsverlauf zu bestimmen.
Der Leiter kann aber sehr wohl dazu beitragen, daß die Angst, sich zu äußern und etwas von sich zu erkennen zu geben, allmählich abgebaut wird. Er tut dies z.B., indem er konsequent darauf verzichtet, Gesprächsbeiträge und Verhaltensweisen zu bewerten. Statt dessen wird er immer wieder verstehende Beiträge bringen, in denen er an den Gefühlen und dem Ergehen der Berichterstatter Anteil nimmt.
In diesem Lernprozeß könnte es eine Hilfe sein, wenn die Gruppe zwischendrin festhält, was sie eingesehen hat, und Vereinbarungen trifft, wie sie arbeiten will. Diese Vereinbarungen könnten in einigen Grundregeln festgehalten werden, z.B.:

- Wir wollen einander nicht bewerten, sondern verstehen.
- Wir wollen uns nicht hinter einem unpersönlichen „man" verstecken, wo wir von uns selber sprechen wollen und eigentlich „ich" sagen müßten.

- Jeder versucht, anderen das zu geben, was er auch von ihnen erwartet.
- Jeder ist für sich selber verantwortlich. Er bestimmt selber, wann er reden und wann er schweigen will. Jeder soll seine Anliegen selber vertreten.

Der Leiter kann der ganzen Gruppe helfen, indem er sich selber an diese Regeln hält.
Er redet selber von sich. Er berichtet von seinen Besuchen, indem er erkennen läßt, was sich dabei in seiner Seele abspielte. Wo er persönlich betroffen ist, sagt er nicht „man", sondern „ich". Damit hat er auch schon die dritte Regel berücksichtigt. Schließlich läßt er sich weder vom Pfarrer noch von der Gruppe in Aufgaben hineindrängen, die er nicht für angemessen hält oder die ihm nicht entsprechen. Er bestimmt selber, wie weit sein Engagement gehen soll, und hält damit auch den anderen den Freiraum offen mitzuarbeiten, weil sie wollen und nicht weil sie nicht „nein" zu sagen wagen.

Der Pfarrer und die Besuchsdienstgruppe

Der Pfarrer sollte sich vor allem davor hüten, den Besuchsdienst zu sehr an seine Person und an sein Amt zu binden. Es würde die Initiative der Mitarbeiter bremsen, wenn sie sich als Ersatz für den Besuch des Pfarrers verstehen würden, und es wäre für die Gemeindeglieder enttäuschend, wenn sie nur von einem Ersatzmann oder einer Ersatzfrau besucht würden. Es ist wichtig, daß der Besuchsdienst von den Mitarbeitern und der Gemeinde nicht als ein Handlangerkreis erlebt wird, der vom Pfarrer geschickt wird. Das Besuchemachen ist Aufgabe der Gemeinde und des Pfarrers gleichermaßen. Ohne beides völlig auseinanderreißen zu wollen, könnte man sagen: Aufgabe des Pfarrers ist eher die Krisenseelsorge, Aufgabe des Besuchsdienstes eher die begleitende Seelsorge.
Wenn ein fähiger Besuchsdienstleiter vorhanden ist, ist es nicht notwendig, daß der Pfarrer bei jedem Treffen der Besuchsdienstgruppe dabei ist; es ist allerdings dringend erforderlich, daß er die Arbeit des Besuchsdienstes begleitet. Diese Begleitung sollte geregelt sein und nicht sporadisch erfolgen, was darauf hinausliefe, daß sie ausfällt. Wesentliches Element dieser Begleitung sind regelmäßige Besprechungen mit dem Besuchsdienstleiter, bei denen die Entwicklung der Arbeit und ihre Stellung innerhalb des

Gemeindeaufbaus beraten werden. Veränderungen der Methodik, der Organisation (Bezirke) und der Zielgruppen sollten hier gründlich erörtert werden.
Solche Fragen wären auch ein Anlaß für den Pfarrer, wieder einmal selber in die Gruppe zu kommen. Ansonsten dürfte es ausreichen, wenn er zwei- bis dreimal im Jahr erscheint, um anstehende Fragen zu klären, nicht zuletzt aber um zu zeigen, daß ihm die Besuchsarbeit wichtig ist. Die Mitarbeiter sollten wissen, daß sie sich auch an den Pfarrer wenden können, wenn sie in Schwierigkeiten geraten und das anstehende Problem nicht im Kreis der Gruppe ausbreiten wollen. Es wäre für die Mitarbeiter eine Ermutigung, wenn sie im Lauf der Zeit reihum vom Pfarrer besucht würden, der sich erkundigt, wie sie zurechtkommen und wie es ihnen selber geht. Mitarbeiter brauchen solche Aufmerksamkeit. Sie ist eine Form der Seelsorge.
Nicht nur den einzelnen Mitarbeitern gegenüber, sondern auch vor der Öffentlichkeit der Gemeinde sollte der Pfarrer die Bedeutung ihrer Arbeit immer wieder unterstreichen. (Dies gilt natürlich für alle Gebiete der Mitarbeit.) Das kann in der Predigt geschehen, im Fürbittgebet, im Gemeindebrief, bei Gemeindeversammlungen usw. Das weitverbreitete Bild sollte allmählich abgebaut werden, daß die Gemeindearbeit vom Pfarrer gemacht wird, der immer im Mittelpunkt steht, daß es daneben vielleicht noch ein paar Helfer gibt, die aber nicht weiter ins Gewicht fallen. Es wäre auch zu überlegen, wie die Mitarbeiter in ihre Arbeit eingeführt werden. Es ist nicht eben motivierend, wenn sowohl die Einführung wie die Verabschiedung völlig sang- und klanglos geschieht. Die Einführung sollte in geeigneter Weise im Gottesdienst geschehen, bei der Verabschiedung (aber nicht erst dann) sollte Dank und Anerkennung ausgesprochen werden.
Sowohl für die Gemeinde wie für die Mitarbeiter würde die Bedeutung dessen, was in Besuchen geschieht, unterstrichen, wenn in größeren Abständen diesem Themenbereich ein Gottesdienst gewidmet würde. Diesen Gottesdienst könnte der Pfarrer mit den Besuchsdienstmitarbeitern zusammen vorbereiten. Dabei könnte die Arbeit oder einzelne Aspekte daraus aus der Sicht eines biblischen Textes beleuchtet werden. Sicher haben die Mitarbeiter im Lauf der Zeit viele Dinge erlebt, die auch im Rahmen eines Gottesdienstes ausgesprochen werden müßten, sei es, weil sie für die Existenz der Gemeinde vor Gott von Bedeutung sind oder weil die ganze Gemeinde dazu herausgefordert ist, sich in der Fürbitte und in der helfenden Tat dafür einzusetzen.

- Vergleichen Sie diese Vorstellungen von einer Besuchsdienstgruppe mit Ihrer bisherigen Praxis.
- Gegen welche Vorschläge verspüren Sie Widerstände in sich? Wogegen wehren Sie sich und warum?
- Welche Veränderungen Ihrer bisherigen Praxis erscheinen Ihnen notwendig und möglich?
- Wie wollen Sie vorgehen, um sie in die Tat umzusetzen?

Gebet

Herr,
ich mache mich nun auf den Weg
zu den Menschen, die ich heute besuchen will.

Jeder von ihnen lebt sein Leben,
so, wie du es ihm zugeteilt hast,
mit seinem Glück und seinem Leid,
seinen Hoffnungen und Ängsten.
Öffne mir die Ohren,
damit ich gut zuhören und verstehen kann.

In Glück und Leid
ist jeder von ihnen dein Ebenbild
– viel mehr als er es ahnt.
Öffne mir die Augen meines Herzens,
damit ich dich wiedererkennen kann
in ihren Gesichtern und ihren Geschicken.

Hinter Türen abgeschirmt
suchen sie Ruhe und Geborgenheit.
Ich freue mich, wenn ich eintreten darf
in den persönlichen Raum ihrer Wohnung.
Darauf habe ich keinen Anspruch.
Das ist nicht selbstverständlich.
Trotzdem bin ich enttäuscht, wenn ich weggeschickt werde.
Herr, hilf mir,
auch das Bedürfnis nach Zurückgezogenheit anzunehmen.

Du bist den Menschen Weg und Tür zu Gott geworden.
So möchte auch ich eine offene Tür sein.
So möchte ich Weg sein,
damit die Menschen, die mir begegnen,
gute Schritte tun können.

Sei du mir Weg,
sei du mir Tür,
sei du mir Ziel,

dann werde ich auf Menschen eingehen,
Distanz überwinden und Nähe schenken
und ein Zeichen deiner Liebe sein.

Geh du mit mir, Herr,
wenn ich nun hingehe.

Amen.

Literatur

Amt für Gemeindedienst (Hg.), Arbeitshilfe, Der Besuch in der Gemeinde, Nürnberg o. J.
Appelkamp Jan u. a., Türen öffnen, Handbuch für Besuchsdienste, München 1979
Bäumler Christoph, Kommunikative Gemeindepraxis, München 1984
Berne Eric, Spiele der Erwachsenen, Hamburg 1967
Bohren Rudolf, Unsere Kasualpraxis – eine missionarische Gelegenheit?, München 1960
Clinebell Howard J., Modelle beratender Seelsorge, München/Mainz 1971
Guggenbühl-Craig, Macht als Gefahr beim Helfer, Psychologische Praxis Nr. 45
Hanselmann Johannes u.a., Was wird aus der Kirche?, Gütersloh 1985
Harsch Helmut, Theorie und Praxis des beratenden Gesprächs, München 1973
Jung Carl Gustav, Über die Beziehung der Psychotherapie zur Seelsorge. Psychologie und Religion. Beides GW 11, 3. Aufl. Olten 1971
Kirchenamt im Auftrag des Rates der EKD (Hg.), christsein gestalten. Eine Studie zum Weg der Kirche, 4. Aufl. Gütersloh 1987
Kroeger Mathias, Themenzentrierte Seelsorge, Stuttgart 1973
Krusche Werner, Das Missionarische als Strukturprinzip, in: Schritte und Markierungen, Göttingen 1971
Lück Wolfgang, Die Volkskirche, Stuttgart 1980
Reich H., Besuchsdienst in christlicher Haushalterschaft, Hannover 1976
Piper Hans-Chr., Gesprächsanalysen, Göttingen 1973
Raupp Wolfgang, Vom Glauben reden lernen, Studienbrief A 25, hg. von der Arbeitsgemeinschaft Missionarischer Dienste, Stuttgart
Rogers Carl R., Die nicht-direktive Beratung, München 1972
Scharfenberg Joachim, Seelsorge als Gespräch, Göttingen 1972
Schwarz Fritz, Überschaubare Gemeinde, Band 1-3, Gladbeck 1982
Theologie des Gemeindeaufbaus, Neukirchen-Vluyn 1984
Seitz Manfred, Erneuerung der Gemeinde, Gemeindeaufbau und Spiritualität, Göttingen 1985
Sorg Theo, Wie wird die Kirche neu? Ermutigung zur Missionarischen Gemeinde, 6. Aufl. Wuppertal 1983
Stollberg Dietrich, Seelsorge durch die Gruppe, Göttingen 1971
Lernen, weil es Freude macht, München 1982

Nachweis der Karikaturen:

Druckfertige graphische Vorlagen, Hg. Evangelischer Werbedienst, Theodor-Heuss-Str. 23, 7000 Stuttgart 1

Layout-Mappe, Hg. Junge Presse Köln e.V., Postfach 420390, 5000 Köln 41

Tips für Zeitungsmacher, Hg. „schülerpresse aktuell“, Venner Str. 55, 5300 Bonn 2